بسم الله الرحمن الرحیم

آموزش کودک

ماریا مونتسوری

مترجمین:

دکتر آزاده نعمتی (عضو هیئت علمی دانشگاه آزاد اسلامی
واحد جهرم)

الهه اسماعیلی (کارشناس مترجمی)

سرشناسه	:	مونته سوری، ماریا، ۱۸۷۰-۱۹۵۲م. Montessori, Maria
عنوان و نام پدیدآور	:	آموزش کودک
مشخصات نشر	:	شیراز : صبح انتظار، ۱۳۹۴.
مشخصات ظاهری	:	۷۹ ص
شابک	:	۹۷۸-۶۰۰-۷۶۸۵-۰۹-۹
وضعیت فهرست نویسی	:	فیپای مختصر
یادداشت	:	فهرست نویسی کامل این اثر در نشانی: http://opac.nlai.ir قابل دسترسی است.
شناسه افزوده	:	اسماعیلی، الهه، ۱۳۶۸ -
شناسه افزوده	:	نعمتی، آزاده، ۱۳۵۴ -
شماره کتابشناسی ملی	:	۳۷۸۸۲۹۵

نام کتاب: آموزش کودک

مترجمین: دکتر آزاده نعمتی- الهه اسماعیلی

طراح جلد و صفحه آرا: عظیمه زارع

ویراستار ادبی: محمدرضا الیاسی

تیراژ: ۱۰۰۰

قطع: رقعی

نوبت چاپ: اول

قیمت: ۹۰۰۰۰ ریال

چاپ و صحافی: دیجیتال مهر

شابک: ۹۷۸-۶۰۰-۷۶۸۵-۰۹-۹

ایمیل نویسنده: azadehnematiar@yahoo.com

ارتباط با ناشر: ۰۹۳۶۳۲۳۵۰۰۲

مقدمه

"مادر و پدر موهبت‌هایی هستند که در زندگی فرزندان به سان نوری می‌تابند، گفته‌های دکتر مونتسوری مانند مدرسه‌ای است که به فرزندان یادآور می‌شود درک والدین از مهم‌ترین وظایف آنان است." با این جملات، وزیر آموزش و پرورش در بارسلونا از دکتر مونتسوری می‌خواهد تا نظریات خود را پیرامون یادگیری کودکان و منافع تحصیلاتی آن‌ها منتشر کند. سال ۱۹۳۶ دکتر مونتسوری یک سری از نشریات و نوشته‌های خود را به همه‌ی مادران و پدران تقدیم کرد. نظریات وی تاثیر بسزایی در ذهن و قلب مردم کاتالان گذاشت. چندی بعد کتاب حجیم تری به نام راز دوران کودکی از دکتر مونتسوری چاپ شد که نور امیدی را برای مادران و خوشحالی و درک بیشتر را برای فرزندان انگلستان، اسپانیا، ایتالیا، فرانسه، سوئد، و پرتغال به ارمغان آورد. امروز از طریق رسانه برای دومین بار دکتر مونتسوری شخصا نظریات خود را عنوان کرد. این بار برای فرزندان هند. با عنوان: صدایی که برای کودکان حرف می‌زند.

ماریا م. مونتسوری

فهرست

❖ پرسش اجتماعی درباره‌ی کودکان

سال‌ها پیش یک جنبش **اجتماعی** بزرگ در جهت بیشتر رشد منافع کودکان به راه افتاد که متوقف شده است.

علت آن هم از دست رفتن رهبری می‌باشد؛ اما هم‌اکنون گروه‌های مختلفی توانسته‌اند با همکاری یکدیگر مجددا فعالیت‌های خود را آغاز کنند و در مراکز مختلفی باعث به وجود آمدن انفجار و جنبش شوند. بدین منظور قدم به قدم جنبش‌ها و عملیات آنان با اهمیت پنداشته می‌شود. در حال حاضر محققان سعی دارند به وسیله‌ی علم و دانش وارد چنین جنبش‌هایی شوند. منظور از «علم»، همان واکنشی است که در جنگ‌های صلیبی آغاز شد، آن هم به این سبب که علم بهداشت برای نخستین بار در آن زمان وارد لیستی علیه اخلاقیات کودکان گشت. قبل از هر چیز ما از طریق علم بهداشت نشان دادیم که چگونه مدرسه کودکان را قربانی می‌کند. به این وسیله من ثابت کردم که به واسطه‌ی این حرفه و تغییرات آن خیلی از کودکان، قربانی شده و در معرض آسیب‌های زندگی قرار می‌گیرند. کودکانی که تا گذر دوران بچگی آسیب‌های فراوانی متحمل شده و جان سالم به در برده‌اند و زمانی که روزهای مدرسه تمام می‌شد، دیگر کودک نبودند؛ بهداشت مدرسه به او مانند مخلوقی خالی از شادی و غمگین با روحی محدود نشان داده می‌شود که مورد هجوم قرار گرفته و منجر به بروز مرض سل خواهد شد.

همه‌ی این‌ها را نمی‌توان جز عواقب سختی حرفه‌ی مذبور فرض کرد؛ اما نتیجه‌ی سخت‌گیری بیش از حد به کودکان قطعا جزء دلایل اصلی آن می‌باشد.

اخیرا ما شخصی را به شهری که ۴۰ سال قبل در آن زندگی می‌کرده است، بردیم. شهری که او به طور کامل از یاد برده بود؛ ولی وی سعی کرد تمام خاطرات و یا خانواده‌اش را انکار کند؛ حتی نمی‌خواست راجع به کسانی که به او زندگی بخشیده‌اند نیز صحبت کند. انگار نمی‌خواست چیزی را ببیند. کودکی وی سراسر با مشغله‌های والدین، گذشته بود. خانواده‌ای که پیش‌تر از هر چیزی به فعالیت‌های کاری خود اهمیت می‌دادند. در این شهر، بچه ها در خانه‌های مدرن و امروزی زندگی می‌کردند و به طبع فضای محدودتری در اختیار داشتند تا اعضای خانواده دور هم جمع شوند. خیابان‌ها پر از وسایل نقلیه بوده و پیاده‌روها نیز با انبوهی از عابران خسته و بی‌رمق طلسم شده بود. تحت چنین فشارهایی زمانی که هم پدر و هم مادر فعالیت کاری بیرون از منزل داشته باشند، چگونه می‌توانند زمان کافی به فرزندان خود اختصاص دهند؟ و حتی اگر آن‌ها کار خارج از منزل هم نداشته باشند آن وقت اوضاع برای کودکان بدتر از این خواهد بود؛ زیرا مجبورند با تنگ‌دستی و فقر دست و پنجه نرم کنند.

زمانی که وضعیت اقتصادی در حالت بهتر و مطلوب تری قرار می‌گیرد، فرزندان خانواده‌های ثروتمند به دست غریبه‌هایی سپرده می‌شود

تا ار آنان پرستاری کنند؛ ولی اجازه ندارند به قسمت‌هایی از خانه که مخصوص افراد بزرگ‌سال است، وارد شوند. چنین کودکی کجا را می‌تواند به عنوان سرپناه برگزیند؟ نیازهای روحی و معنوی وی چگونه برطرف خواهد شد؟ کجا را می‌تواند برای انجام فعالیت‌های خود انتخاب کند؟ از وی انتظار می‌رود که در اتاق خود بماند و سر و صدا نکند؛ در واقع این کودک نباید به چیزی دست بزند و می‌بایست کاملا در حالت تحریم باقی بماند. کجا را می‌تواند متعلق به خود بداند؟ هیچ کجا! چندین دهه قبل از آن، حتی صندلی نیز برای کودکان وجود نداشت و کودکان روی زانوهای مادرانشان بزرگ می‌شدند و زندگی را می‌آموختند. کودکی که روی صندلی بزرگ‌ترها می‌نشست مورد سرزنش قرار می‌گرفت؛ حتی اجازه‌ی نشستن روی پله‌ها و حتی زمین را نداشت. تحت چنین شرایطی مسلم است که فرزندان فرصت حضور در جمع خانواده را پیدا نمی‌کردند.

و این موقعیتی است که یک کودک در آن رشد کرده و به تدریج برای زندگی آماده می‌شود. چنین فردی اغتشاش‌گر خواهد شد و به دنبال چیزی خواهد گشت که نیافته است. این وضعیت فردی است که بدون هیچ‌گونه حقوق و قلمرویی بزرگ شده و هیچ‌گاه مورد احترام قرار نگرفته است. چنین شخصی ممکن است به وسیله‌ی افراد مختلف مورد ظلم قرار گیرد و دشنام بشنود. این نوجوان حتی نمی‌داند که کودکی کردن حق طبیعی اوست.

به واسطه‌ی برخی از پدیده‌های روانی مرموز، طبیعتا گاهی اتفاق می‌افتد که خانواده‌ها فراموش کنند باید فضایی امنی را برای کودکان خود فراهم سازند. سازنده‌ی جامعه نیز از روی فراموشی به این مشکل نسل خویش رسیدگی نمی‌کند. مشاورین حقوقی و قانونی نیز با چشم‌پوشی از عدالت عملا متمرد محسوب می‌شوند. این وظیفه‌ی مجریان آگاه دولتی است که تمامی حقوق کودکان را یادآور شده و رفتارهای ظالمانه را از عملکرد بزرگسالان حذف کنند. ما مجبوریم برای کمک به کودکان قدم برداشته و بپذیریم که گاهی آنان را به درستی درک نکرده‌ایم.

کاملا مشخص است که این فراموشی سال‌های سال است که ادامه داشته و از بدو خلقت و تاریخ بشریت چشم‌پوشی‌های زیادی در زمینه‌ی رسیدگی به امور کودکان صورت گرفته است. هر کودکی که در جامعه نادیده گرفته شده باید به آغوش اجتماع بازگردانده شود و زمینه‌ی حضور فعال وی فراهم گردد.

علم بهداشت کودک که امروزه به عنوان نوعی از دانش شناخته شده و اهمیت حیاتی یافته روش زندگی جدیدی را از اوایل قرن حاضر به نوجوانان عرضه داشته است.

مدارس تغییر کرده‌اند و مدرسه‌های چند دهه‌ی گذشته، قدیمی و منسوخ شده‌اند. عقاید آموزشی از تمایلات جدید نجابت، شکیبایی و خودداری در محیط خانه و مدرسه، نشات گرفته‌اند.

عواقب چنین رویه‌ای نه تنها باعث پیشرفت علم شد بلکه احساس جدیدی را به ارمغان آورد و اصلاحات بسیاری را در دنیای امروزی کودکان برجای گذاشت. زمانی که شهرها ساخته می‌شوند، نباید پارک بازی بچه‌ها فراموش شود و لازم است فضاهای بسیاری به این کار اختصاص داده شود.

سازماندهی جامعه باید به نحوی باشد که دوران بچگی کودکان مطابق با قاعده‌ای منظم سپری شود.

رفته رفته کودکان دیگر تنها عضو کوچکی از خانواده نیستند. ناگهان روزی فرا می‌رسد که می‌بینیم فرزندان دست در دست پدرشان برای قدم زدن به بیرون از خانه می‌روند و واضح می‌گویند که نمی‌خواهند آخر هفته‌یشان را به بطالت بگذرانند. تمامی این رویدادها عوض می‌شود. بچه ها بزرگ می‌شوند و مسیر زندگی اجتماعی خود را انتخاب می‌کنند.

در حال حاضر، ما با یکی از مشکلات عمده و بدیمن دنیای اجتماعی کودکان مواجه هستیم.

شایان ذکر است که درک تمامی ابعاد مشکلات مذبور و تمایل به داشتن جنبش اجتماعی برای پیشرفت بشریت، تمدن و جامعه‌ی امروزی ضرروی است.

همه‌ی این فعالیت‌های پراکنده‌ای که ظاهر شده است، اثباتی برای علائم و نشانه‌های بین المللی جهت پیشرفت به سوی هنجارهای اجتماعی محسوب می‌شوند.

اعمال چنین اصلاحی بسیار خطیر خواهد بود. اکنون زمان را در دست داریم و می‌توانیم تمدن جدیدی را رقم بزنیم. هر سال که به جلو می‌رویم فرصتی است برای کار روی روابط میان بزرگسالان و کودکان. در حال حاضر با مرحله‌ای از تمدن مواجه هستیم که دو دنیای مختلف را باهم تلفیق می‌کند. اکنون به جای سرد مزاجی، وظیفه‌ی ما به شمار آوردن جنبش‌های اجتماعی و مرتبط سازی آنان با یکدیگر است. تحت چنین شرایطی است که جوامع خصوصی و عمومی اجتماعی در دوران بچگی مشخص شده و اعمال تحقیقات راحت‌تر صورت خواهد پذیرفت. در مراحل اولیه‌ی تحقیق و بررسی، سوالاتی در زمینه‌ی اجتماع کودکان به وجود می‌آید که پژوهش درباره‌ی آنها مستلزم نگاهی عمیق به درون زندگی‌شان است. دوران کودکی سرآغاز وجود و سازنده‌ی حقیقی دوره‌ی میان‌سالی می‌باشد.

شر و خیر وجودی انسان از دوران بچگی نشات گرفته و نحوه‌ی برخورد یک شخص در دوران میان‌سالی دقیقا به همان صورتی است که در دوره‌ی کودکی شکل گرفته است. در میان تمامی اشتباهات ما این کودکان هستند که تحمل می‌کنند و خطاهای ما را به دوش می‌کشند. ما بزرگ‌ترها نابود می‌کنیم؛ اما کودکان بردباری کرده و تحمل می‌ورزند؛

ولی آیا صدمه‌ای را که به روان آن‌ها وارد شده می‌توان اصلاح کرد؟ این چرخه هم‌چنان ادامه دارد و شکستنی نیست. وقتی که روی نقاط حساس یک کودک دست می‌گذاریم تا ابد چیزی در درون او ریشه دوانده و حتی تا آینده‌ای دور نیز متداوم باقی می‌ماند. تحت چنین شرایطی اگر تصمیمی گرفته شود حتما باید مجددا مورد بازبینی قرار گیرد.

روحیه‌ی کودکی را که در آن دوران، مشکلات بسیاری را متحمل شده است نمی‌توان به هنگام جوانی، شاداب ارزیابی نمود. برای پیدا کردن ریشه‌های یک شبکه‌ی جهانی و کلی باید تا اعماق وجود او حفاری کرد. و این نشانه‌ای از یک واقعه‌ی احساسی است. در این حالت است که حفاری ما باید بسیار عمیق و تا اعماق وجودی وی ادامه داشه باشد تا بلکه بتوان مشکلات را از ریشه کند و نابود کرد.

در ضمیر ناخودآگاه و ناهوشیار این شخص رویدادهای ناخوشایندی به سرعت ریشه دوانده است. آنچه بیشتر از همه باید نگران آن بود این است که(آسیب‌های مورد نظر) تا چه حد در روح او فرو رفته و تاثیر گذاشته است. گاهی اوقات خانواده‌ها به حدی کور می‌شوند که خواسته و ناخواسته میوه‌ی زندگی‌شان را در معرض خطر و صدمه قرار می‌دهند. آسیب های پنهان در درون کودک همانند آینه‌ای عمل می-کند که عشق و نفرت والدین را نمایش می‌دهد.

تمامی تنش‌های میان کودکان و بزرگسالان برای همه‌ی ما صادق (و قابل درک) است. به واسطه‌ی پرسش‌های اجتماعی درباره‌ی دنیای کودکان، ما می‌توانیم به عمق مطلب راجع به ساختار بشریت بیش از قبل پی بوده و در جهت توسعه‌ی ضمیر ناخودآگاه بهتر، و تقویت زندگی اجتماعی خود تلاش کنیم.

❖ نوزاد

صدایی ضعیف و لرزان

اولین بار روی زمین شنیده شد

گلویی که تا به حال هیچگاه نلرزیده بود

سخن گفت و نطق کرد ...

روزی روزگاری

مردی در اعماق تاریکی زندگی می‌کرد

مردی که چمشهایش هیچگاه ندیده بود

ملایم‌ترین سوسوزدن نور را

گویی که در انتهای پرتگاهی آرام آرمیده بود

مردی که در میان سکوت می‌زیست

بدون هیچ صدایی بدون هیچ زمزمه‌ای

گوش‌های او نشنیده بود آوایی

شنیدم که راجع به او سخن می‌گفتند ...

مردی غوطه‌ور در زندگی

در آب‌های گرم عجیب و غریب

مردی به سردی یخ

لذت ناگهانی

ریه‌هایی که هیچگاه هوا را نچشیده

آه، تلاش برای تنفس! آه، عذابی برای

تانتالوس!

او نفس نفس می‌زند، پیروز می‌شود
و گریه سر می‌دهد
این مرد آرامش را شناخته بود
چه کسی می‌تواند آسایش را کاملا در خود ببیند؟
آرامش، بدون نیاز به غذا خوردن
آرامش در هر تار و پود
گرمایی که در زندگی احتیاج است
تنفس اکسیژن برای زنده ماندن
زندگی کردن
قلب به تنهایی می‌تپد، جان می‌دهد
و متولد می‌سازد
این قلب یک مرد است
آن کس که کار می‌کند، سختی می‌کشد
او زخمی است به خاطر نور و سر و صدایی زیاد
او خسته است تا آخرین تار و پود وجودش
با فریاد می‌گوید: چرا، چرا رها شده‌ام؟
و زمانی که نوزاد تازه متولد شده می‌آید
به چشم می‌بینند
مسیح به صلیب کشیده را
مسیح را از عروج

محیطی که در آن یک نوزاد متولد می‌شود همان جایی است که برای نخستین باز خود را می‌شناسد. در چنین محیط ماوراء الطبیعه‌ای، ساختاری که از طبیعت برخاسته می‌شود به زندگی بشر هدف بخشیده وتطبیق پذیری وی را با اجتماع افزایش می‌دهد،- کسانی که تمام سعی و تلاش خود را برای تطبیق پذیری با محیط به کار می‌گیرند-در غیر این صورت چه کمکی او را یاری می‌کند؟

آن چه که با عنوان تولد نامیده می‌شود اساسا یک برخورد فیزیکی دردآور وتنش‌زاست که با هیچ چیز در زندگی قابل قیاس نیست.

آن‌هایی که با این ادعای پوچ که کودک چیزی را احساس نمی-کند، از خود دفاع کنند بسان افرادی می‌مانند که می‌گویند: به فردی که بیهوش در بستر بیماری است نمی‌توان به خوبی رسیدگی کرد. درحالی‌که باید این را در نظر داشته که شخص بیمار به کمک ما احتیاج دارد و مراقبت‌های ما را به خوبی درک می‌کند. در تاریخچه و پیشینه‌ای از تمدن، فضایی وجود دارد که در مورد دوره‌ی نخستین زندگی خالی مانده است. در مقاله‌ی حاضر نیز نمی‌توانیم راجع به این موضوع صحبت کنیم؛ زیرا هیچ کس تا به حال حقیقتا نتوانسته است با قطعیت درباره-ی احتیاجات اولیه‌ی یک نوزاد تازه متولد شده نظر دهد. آن روزی که بدون به دست آوردن حقیقتی برجسته ناشی از تجربه سپری شود قطعا برای ما و گذران زندگی‌مان مفید نخواهد بود. هر روزی که شب می‌شود سختی و مشقت‌هایی به دنبال خواهد داشت که در دوران طفولیت و یا

حتی قبل از تولد تاثیر بسیاری گذاشته و رفته رفته انسان را می‌سازد و هم به او روش زندگی می‌آموزد. ما در امروز و زمان حال زندگی می‌کنیم. در دوره‌ی کودکی است که سلامتی آینده‌ی او رقم می‌خورد. چرا در صورتی که توجه بسیار اندکی به تولد داریم، عمده‌ی بحران‌های زندگی در آن زمان شکل می‌گیرد؟

تا لحظاتی پس از تولد، رشد کودک در سرپناهی صورت می‌گیرد که هر اتفاقی برای او ناشناخته است. تغییر حرارت در چنین محیطی باید کاملا ملایم بوده و آسودگی و راحتی کاملی داشته باشد. پیش از تولد، این نوزاد در محیطی آبی و بدون تغییر می‌زیسته است. هیچگونه نور و صدایی حس نمی‌کرده است؛ پس تقریبا بعد از نه ماه زیستن در یک محیط آبی ناگهان وارد مسیری می‌شود که در نهایت به یک فضایی سرشار از هوا ختم می‌گردد. این تغییر شکل و دگرگونی، نوزاد را همانند یک بچه قورباغه به محیط متفاوتی می‌برد. نوزادی که هنوز در شکم مادر است هیچ نوری حس نمی‌کند ، هیچ صدایی نمی‌شنود، همه جا در سکوت فرو رفته است که ناگهان خود را در دنیایی شلوغ پیدا می‌کند. بدنی که اصلا تکان یا ضربه‌ای به خود ندیده است با خشن‌ترین حالت ممکن به دنیا می‌آید و تنفس می‌کند. دست‌ها و انگشتان او به حدی ظریف هستند که قابل احترام می‌باشند.

این رویدادها نه تنها شرایطی سراسر اضطراب‌زا را برای نوزاد فراهم می‌سازد؛ بلکه آسودگی و راحتی او را نیز به هنگام تولد به

مخاطره می‌اندازند. در دردی که به هنگام زایمان مادر تحمل می‌کند معادل شکستن چندین استخوان است. آسودگی که پس از زایمان به مادر دست می‌دهد با هیچ واژه‌ای قابل توصیف نیست. این نوزاد از راهی دور و با تلاش‌های بسیاری متولد می‌شود.

احتیاجات اساسی و واجب یک نوزاد تازه متولد شده چیست؟

همه‌ی کودکان، سراسر این دوران را به دنبال مادر خویش می‌-روند.

به محض اینکه نوزاد متولد می‌شود پزشک با دقت به او نگاه می‌-کند تا از نیرومندی و سلامتی وی مطمئن شود. زمانی که دکتر می‌-گوید:"همه چیز مرتب است! یعنی هم وضعیت کودک و هم مادرش خوب می‌باشد." آشنایان و فامیل‌ها به دیدار این نوزاد تازه متولد شده می‌آیند، به او دست می‌زنند، با محبت و خوشحالی نگاهش می‌کنند و خوش‌آمد می‌گویند. پدر و مادر نوزاد با حالتی سرشار از غرور به کودک نگاه کرده و فرزندشان را در آغوش می‌گیرند و به خویش می‌بالند.

آن‌هایی که مشتاقانه منتظر آمدن نوزاد هستند با دیدن او به وجد آمده و با خوشحالی وی را لمس می‌کنند. پدر بچه سعی می‌کند چشمان نوزاد را باز کند تا بلکه بفهمد چه رنگی است. او مدام روزی را تصور می‌کند که قرار است این بچه وی را پدر صدا کند.

آن چیزی که هیچ کس در نوزاد متولد شده نمی‌بیند، تصویری از یک موجود خسته است.

معمولا عادت داریم بگوییم که تمام این رویدادها طبیعی است و بعد از آن هر کسی راه خود را می‌گیرد و می‌رود؛ ولی آن چیزی که باید به کودک گفته شود این است که:"تو زنده و سرحال هستی؛ مشخص است که می‌توانی به خوبی از خودت محافظت کنی؛ همه چیز عالی است."چرا انسان سرپناه‌های بسیاری برای خود می‌طلبد؟ چرا لباس می‌پوشد و خانه‌های گرم و راحت می‌خواهد؟

مرگ، یک واقعه‌ی کاملا طبیعی است که هر فرد زنده‌ای دیر یا زود آن را تجربه کرده و پشت سر می‌گذارد. اکنون سوالی که پیش می‌-آید این است که آیا ما نباید علایم دردناک و محنت آور مرگ و میر را کاهش داده و به این فکر کنیم که هر کسی یک روز می‌میرد؟

برای تمام نوزادان تازه متولد شده، تمدن نوعی راحتی و آسودگی است که همانند سکوت شکم مادر به او آرامش می‌دهد.

❖ تناسخ

زمانی که این کلمه شنیده می‌شود، نوزاد تازه متولد شده‌ای در نظر می‌آید که روحی پاک دارد و برای به دنیا آمدن پای می‌کوبد.

علم به این رویداد، واقعیتی را نسبت می‌دهد که سرشار از معنی است. تجسم چنین چیزی واقعا شگفت انگیز است، اینکه موجود زنده‌ای درون بافت‌ها و بدن یک زن شکل گرفته و نه ماه بعد یک انسان کامل شود حقیقتا تامل برانگیز است. چنین پدیده‌ی پیچیده‌ای چگونه رخ می‌دهد؟ چگونه از هیچ، یک موجود کامل تشکیل می‌شود؟

چنین موضوعاتی اکنون در این بحث نمی‌گنجد. به همان اندازه که دوست داریم درون حقیقت نفوذ کنیم رفتن به اعماق نیز تاکنون بی اثر بوده و هر چه که پیش می‌رویم گویی هنوز هم در سطح آن قرار داریم.

اکنون بحث خود را با تصویری از یک نوزاد تازه متولد شده‌ی عجیب و غریب آغاز می‌کنیم. در زمان تولد بی حرکت بود و تا حدی پس از آن نمی‌توانست روی پاهایش بایستد. او کاملا به یاری و کمک دیگران احتیاج داشت و همانند افراد فلج و زمین‌گیر قادر به انجام کارهایش نبود. این کودک نمی‌توانست صحبت کند و فقط گریه می-کرد. زمانی که می‌خواست از دیگری طلب کمک کند درد بسیاری متحمل می‌شد.

قبل از اینکه کودک توانایی راه رفتن پیدا کند ماه‌های بسیاری گذشت و او در طول این مدت بی‌حرکت می‌نشست. به دلیل عدم انجام دادن حرکات تحرکی و جنبشی، بدن او رشد نکرد و همانند یک کودک باقی ماند. زمان بسیاری سپری شد تا او بتواند صحبت کند.

واژه‌ی تناسخ غالبا برای توجیه تشریح وقایع روانی و فیزیولوژیکی رشد و نمو مورد استفاده قرار گرفته می‌شود. تناسخ، این کلمه اساسا امور فوق العاده و غیره منتظره‌ای از انرژی را توصیف می‌کند که به جسم بی‌جان روح بخشیده و باعث تشکیل اندام‌های بدن می‌شود. بدین صورت است که بشر شکل جسمانی پیدا می‌کند.

طبق این واقعه‌ی شگفت انگیز، نوزاد انسان متولد می‌شود؛ اما این نوزاد تازه متولد شده کاملا ناتوان است و برای زنده ماندن به کمک احتیاج دارد. او از طریق سینه‌ی مادر تغذیه کرده و برای آموختن راه رفتن به دستان وی نیاز دارد. بعضی از مخلوقات جهان در بدو تولد از جانب مادر ترک شده و خود روش زندگی کردن را می‌آموزند؛ اما انسان این‌گونه نیست. این بشر دو پا تا زمانی که فرزندش بتواند کارهای خود را انجام دهد او را همراهی کرده و در کنارش می‌ماند؛ به عنوان مثال بچه‌ی گربه با میو میو کردن صحبت می‌کند، گوسفندها با بع بع، اسب ها با شیهه کشیدن و هیچ کدام از حیوانات تازه متولد شده با گریه و ضجه‌زدن سکوت محیط اطراف را بر هم نمی‌زنند. در چنین حالتی مرحله‌ی آماده شدن برای زندگی خیلی سریع و به راحتی پیش خواهد

رفت؛ اما این مراحل در بشر بسیار آهسته می‌گذرد و به زمان احتیاج دارد. برای اجرای چنین رویه‌ای والدین نباید از هیچ کس یا هیچ چیز دیگری تقلید کنند، آن‌ها باید اجازه دهند خلاقیت به‌طور خودکار فعال شده و خودجوش باشد. گاهی اوقات نمی‌توان پیش بینی کرد که کودک چه علاقه‌ای دارد و گرایش او به سمت چیست.

فرایند تناسخ باعث تشکیل شخصیت انسان می‌شود. وقتی که یک نوزاد به دنیا می‌آید نمی‌توان گفت که در آینده چه‌کاره می‌شود؛ اما کاملا مشخص است که قابلیت انجام هر کاری را دارد؛ اما نمی‌توان به کودک تحمیل کرد که چه‌کاره شود یا اینکه چه کاری باید انجام دهد

همه‌ی ما برابر و مساوی به دنیا می‌آییم؛ اما اینکه در آینده چه سمت وسویی خواهیم یافت به خود ما بستگی دارد. فعالیت های انسان اساسا مطابق با علایق او شکل گرفته می‌شود.

اشتباهی که در آن زمان صورت گرفت این بود که تصور شد او توانایی حرکت کردن ندارد؛ اما متوجه نبودند که تنها این نوزاد بی‌جان فقط از ماهیچه ساخته شده بود. او سرزندگی لازم را برای اراده کردن و برخاستن داشت و همه نیز این را در چهره‌ی او می‌دیدند. این کودک می‌دانست که بلند شدن، ایستادن و صحبت کردن از وظایف و مسئولیت‌های اوست و باید از انجام آن‌ها برآید. او درون خویش نور غلط و نادرستی می‌دید که همین، وضعیت روانش را به هم ریخته بود. قدرتی که از آن خود می‌دانست به راستی که الهی بود. به عقب

بازگشت و نگاهی به دوران کودکی خویش انداخت؛ در دل می‌دانست که به تغییری عظیم نیاز دارد؛ از این رو گفت:"خویشتن را با تصویری از خود ودوست داشتن خواهم ساخت!".

غرور و تکبر! این نخستین گناه بشر بود. زمانی که آدم خود را در حد و اندازه‌ی خدا فرض کرد، تمام بدبختی و بیچارگی‌های عالم را برای نوادگان خویش رقم زد. از آن جایی که کلید پیروزی و سربلندی هر شخص در درون او نهاده شده است، خود او نیز می‌تواند با اتکاء به خود و ذات بالقوه‌ی خویش به همه چیز دست پیدا کند. گاهی اوقات مداخله‌ی والدین می‌تواند فرزند را برای دست یافتن به بهترین‌ها یاری کند و عقاید غلط را از او دور سازد. اشتیاقی که درون شخصیت فرزندان وجود دارد زمینه ساز اصلی پیشرفت‌های اوست. بزرگسالان حقیقتا می- توانند در ترسیم شرایطی بهتر کمک‌رسان بوده و الگوی مناسبی برای ادامه‌ی زندگی باشند. وقتی چنین چیزی به وقوع بپیوندد تاثیرات آن، نسل به نسل ادامه خواهد یافت. در میان تمامی مشکلات بشر چه چیزی از همه مهم‌تر است؟

تناسخ یک کودک در روح، چنین صورت می‌گیرد و به محیط زیستی مناسب و مطلوب احتیاج دارد.

از آن جایی که جنین کمتر از هشت هفته به محیط خاصی درون بدن مادر نیاز دارد، روحیه‌ی او نیز در طول این مدت به احتیاجات

روانی نظیر محبت نیازمند است. جنینی که در شکم مادر است، عشق والدین را حس می‌کند و در رشد او موثر است.

زمانی که بزرگسالان نسبت به موارد فوق اطلاع داشته باشند، طرز برخورد متفاوتی را در برابر کودک خود در پیش خواهند گرفت. با در نظر گرفتن اینکه والدین وظایف و مسئولیت‌های متفاوتی در قبال کودکان خویش دارند، می‌توان پیشرفت تناسخ یک جنین را در شکم مادر بهتر درک کرد. آن کودکی که روزی نیازمند دل‌سوزی و شفقت والدین است، اکنون بزرگ شده و به احترام احتیاج دارد.

مکتوم و مرموز بودن از خصوصیات تناسخ است. این واقعه تاکنون در تاریخچه‌ی بشر همانند صفحه‌ای سفید و خالی باقی مانده و درک و تحلیل آن بسیار دشوار است.

❖ دوره‌های حساس

بررسی‌های اخیر پیرامون دوره‌های حساس در مبحث بیولوژی، ما را با مفهوم جدیدی از این دوره آشنا ساخته است. بر طبق اکتشافات کنونی، دوره‌های حساس منحصرا به پدیده‌ی پیشرفت در رشد مرتبط می‌باشد.

رشد و نمو به چه چیزی وابسته است و چگونه زندگی مخلوقات را تحت تاثیر قرار می‌دهد؟

در بحث پدیده‌ی رشد و نمو، اخیرا از مکانیسم‌های مختلفی استفاده شده است. مطابق با تحقیقات صورت گرفته، زمان دارای دو سهم می‌باشند. این نواحی عبارتند از: مطالعه‌ی غدد و ترشحات داخلی موثر بر رشد فیزیکی که کاملا با مراقبت از کودکان در ارتباط است. در مطالعه‌ی دوره‌های حساس که رویکرد جدیدی از رشد جوامع پیچیده را نشان می‌دهد، محققین هلندی به تحقیق راجع به دوره‌های حساس زندگی حیوانات کشفیات خود را به صورت علمی عنوان کرده‌اند. شایان ذکر است که چنین دوره‌هایی معمولا در مرحله‌ای از رشد کودکان قابل رویت است.

نکته‌ی قابل توجه این است که در سالیان اولیه‌ی زندگی بشر فرایند تکامل به وسیله‌ی حواس بخصوصی قابل درک بوده است. این حواس زود گذر بوده و به دستیابی خصوصیات عالی محدود شده‌اند. حواس مذبور به هنگام دسترسی به خصوصیات این چنینی، ناپدید

خواهند شد. گاهی اوقات خصوصیات فوق ثابت شده و به حالتی استوار. باقی می‌ماند. در چنین مرحله‌ای رشد، یک واقعه‌ی مبهم نخواهد بود و در مخلوقات زنده توجیه پیدا می‌کند. رشد، کوششی فعال است که در مدت زمان مشخصی انجام شده و مستقیما به فعالیت‌های خاصی از وقایع حیاتی مربوط می‌شود. تفاوت‌های واضحی میان فعالیت‌های کودکان و بزرگسالان وجود دارد.

دوره‌های حساس، نخستین بار توسط محققی به نام **دی وایرس** مورد بحث و بررسی قرار گرفت. در طی این مشاهده حشراتی که در حال تغییر شکل و دگرگونی بودند به آزمایشگاه‌ها منتقل شده و مورد پژوهش قرار گرفتند.

اکنون به سراغ مثالی خواهیم رفت که به وسیله‌ی **دی وایرس** پیرامون گونه‌ای رایج از پروانه‌ها ارایه شد. می‌دانیم که کرم‌ها خیلی سریع رشد می‌کنند، سیری ناپذیر هستند و باعث تخریب گیاهانی می‌-شوند که از آن تغذیه می‌کنند. در زمان طفولیت کرم صدپا، او بر روی برگ‌های بزرگ درختان زندگی می‌کند. زمانی که کرم از پیله خارج می‌شود، پروانه‌ی مادر تمام سعی خود را به کار می‌گیرد تا از کرم محافظت کرده و برای او سرپناه امن تهیه کند.

چه کسی قرار است به محض خارج شدن از پیله به کرم جوان بگوید که باید از برگ های تازه تغذیه کند؟ پاسخ این است که او بسته به حواس خود می‌فهمد که باید درست به سمت نور و نوک شاخه

حرکت کند تا به برگ‌های جوان برسد. این مساله‌ی بسیار عجیبی است که تدریجا کرم با آن آشنا شده و غذای خود را پیدا می‌کند. استفاده از حواس، بسته به نور، واقعه‌ای است که از گذشته‌ها تا به امروز توانسته حیوانات را چه برای ایمنی خویش و چه یافتن تغذیه هدایت کند. او نسبت به آفتاب و نور رفتاری متفاوت دارد؛ روشنایی چشمانش را می‌-آزارد؛ و از این پس به دنبال مسیرهای دیگری برای درک معانی متفاوتی از زندگی می‌گردد. او کور نیست؛ با این حال رفتاری متفاوت دارد.

با توجه به تمام این موارد ما به سمت و سوی درک بهتری از نکات ضروری موثر بر کودکان سوق پیدا می‌کنیم. کاملا مشخص است که اختلاف واضحی میان ضربات حیاتی که باعث به وجود آمدن شگفتی‌های بسیار می‌شود و حالتی (کوری) که به چشم می‌خورد، چنین شرایطی را نمی‌توان به وسیله‌ی هر کسی خلق کرد. هیچ فرد بزرگسالی توانایی ایجاد آن‌ها را ندارد. از طرفی دیگر، کودکی که در یکی از دوره‌های حساس حالتی خنثی دارد و از رفتاری متناسب با عوامل درونی جلوگیری می‌کند، اساسا فرصت بسط طبیعی را برای همیشه از دست خواهد داد.

در صورت به کارگیری احساسات و عواطف پیشرفت‌های شگفت انگیزی در حد معجزه مشاهده شده است که کودکان آن را به توسعه‌ی

روانی نسبت می‌دهند؛ اما این مخلوقی که از ناکجا آباد می‌آید چگونه می‌تواند راه خود را به سمت دنیای پرپیچ و خم پیدا کند؟

چه کسی تفاوت بین این مسایل را به او یاد می‌دهد؟ به واسطه‌ی کدام معجزه او به تمامی پیچیدگی‌های خاصی از زبان تسلط پیدا می‌-کند؟ شخصی که با به کارگیری یک زبان خارجی بزرگ می‌شود؛ باید بسیار کار کند و به تکاملی منحصرا فکری و بومی دست نیابد. چنین تسلطها و پیروزی‌هایی عمدتا به وسیله‌ی کودک در دوره‌های حساس متنوع ایجاد می‌شود. این فرایند را با خانه‌ای که با برق روشن می‌شود مقایسه می‌کنیم. مقصود چنین حساسیتی این است که او به طور شگفت انگیزی قادر باشد تا رویداد خارج از وجود خود را لمس کرده و بسته به ظرفیت‌های خویش تلاش کند.

اغلب، شعله‌ی یک مجاهدت روانی موفق می‌شود و دیگری می‌-میرد. دوران کودکی از یک پیروزی تا پیروزی دیگر ادامه می‌یابد. زندگی در شرایط طولانی، جزیی از دوران طفولیت است که آن را خوش‌بختی می‌نامیم.

خوش‌حالی و خوش‌بختی همانند یک شعله‌ی زیباست که همیشه می‌سوزاند و هیچ‌وقت سوزش آن تمام نمی‌شود؛ اما زمانی که دوره‌های حساس به اتمام می‌رسند، هر پیروزی نیازمند به هوش، فعالیت‌های خلاقانه، تلاش و تحقیق است. تحت چنین شرایطی بی‌پاسخی،

خونسردی و سهل‌انگاری‌ها باعث کسل شدن فرد می‌شود. اساسا تفاوت-
های عمده‌ای میان روان‌شناسی کودکان و بزرگسالان وجود دارد.

پیشرفت‌های شگفت انگیز کودکان از موجودیت درونی آن‌ها
نشات گرفته می‌شود. فعالیت‌هایی که در طی دوره‌های حساس زندگی
انجام می‌شود نه تنها استرس‌زا بوده بلکه به طور دایم باعث از هم-
پاشیدگی آرامش فرد می‌گردد. تاثیراتی که بر روح کودک می‌گذارد
ممکن است گاهی در نظر گرفته نشود؛ اما در اکثر اوقات، ماندگار بوده و
از بین نمی‌رود.

از این پس خصوصیات فعال بدون درج شدن مورد بررسی قرار
گرفته می‌شود. تجربیات نشان داده است که کودکان هنگام مواجه شدن
با فعالیت‌های حیاتی که در معرض فشار و استرس هستند، رفتاری
سخت در پیش خواهند گرفت و اکنشات آن‌ها عموما توسط افرادی که
علت را نمی‌دانند، نامعقول خوانده می‌شود. زمانی که متوجه می‌شویم
نمی‌توانیم آن‌ها را تسکین دهیم، رفتارمان تغییر خواهدکرد. پدیده‌های
طبیعی تحت شرایط مبهم و کلی شرارت دسته‌بندی می‌شوند: تمامی
واکنش‌هایی که هیچ علتی برای آن‌ها نیست و قابلیت مقابله با آن‌ها را
نداریم، شرارت و نافرمانی نامیده خواهند شد. زمانی که علت‌های غیر
قابل توجیهی برای رفتار و عملکرد وجود ندارد، حالت شرارت و نافرمانی
بدتر و بدتر خواهد شد؛ در این صورت است که هیچ گریزی نمی‌توان
یافت. وجود دوره‌های حساس اساسا به توصیف حالات متنوعی از آنچه

هوس و تمایل فکری کودکان پنداشته می‌شود، کمک می‌کند. اکثر زد و خوردهای کودکان (البته نه همه‌ی آن‌ها) را می‌توان به برخورد خشونت آمیز نسبت داد.

"شرارت" یک نبرد و ستیز در دوره‌ی حساس است که غالبا زود گذر بوده و در بعضی مواقع تاثیرات جبران ناپذیری را بر ثبات روانی زندگی شخص می‌گذارد. هوس‌های دوران حساس، تشریحی از احتیاجات قانع نشده‌ای است که گاهی به عنوان علایمی از یک وضعیت خطرناک در نظر گرفته می‌شود. سراسیمگی و بیقراری فورا شعله‌ور شده و بلافاصله نیز آرام می‌گردد. تحقیق راجع به دلایل تمامی شرارت-ها و نافرمانی‌های کودکان در دوره‌ای بخصوص، از جمله اولویت‌های علم روانشناسی است.

توضیحاتی که در مقاله‌ی حاضر ارایه خواهد شد، ما را در جهت درک بهتری از گزارش‌های مرموز روح کودکان هدایت می‌کند. مباحث آتی هم‌چنین ارتباط میان کودکان و بزرگسالان را نیز شفاف‌تر خواهد کرد.

❖ بررسی بیشتر دوره‌های حساس

همان‌گونه که پیش‌تر مشاهده کردید، تناسخ و دوره‌های حساس با نگاهی اجمالی آن چه را درون روح اتفاق می‌افتد، به تصویر کشید. نشان داده شد که پیشرفت روانی نه از روی تصادف اتفاق می‌افتند و نه دارای منشا در شبیه سازی دنیای حقیقی می‌باشد. پیشرفت روانی کاملا به وسیله‌ی حواس موقت هدایت شده و توسط اکتساب صفات واقعی سرپرستی می‌شود. با وجود اینکه محیط بیرون موجب توسعه‌ی هدف-دار مذبور می‌شود؛ اما عملا نمی‌توان آن را به محیط زیست نسبت داد؛ زیرا محیط زیست به ندرت مجهز به چنین الزاماتی است. آن چه به صورت کاملا واضح در بدن انسان به وقوع می‌پیوندد، عناصر حیاتی نظیر تغذیه و تنفس است.

این حواس درونی است که همانند یک راهنما در انتخاب موارد ضروری خارج از محیط و وضعیت‌های موثر بر پیشرفت مطلوب عمل می‌کند. چگونه حواس درونی به عنوان راهنمایی به وسیله‌ی بازگرداندن حساسیت کودکان در قطعیت شناخته می‌شود؟ در هر کدام از دوره‌های حساس، بعضی از مسایل، کاملا شفاف و مابقی در ابهام به سر می‌برند، نه تنها با آن حواس درونی می‌تواند خود را در شرایط مخصوص قرار دهد؛ بلکه در زمان‌های منحصر بفرد توانایی ارتقا نیز پیدا می‌کند. در طی مدت سپری شده دوره‌های حساس، عملکردهای روانی در محیط خارجی نمود پیدا کرده و باعث تحریک فردی می‌شود. حواس کودک

نسبت به محیط اطرافش به حدی مرموز است که روحیه‌ی او به شدت تحت تاثیر آن بوده و رشد وی را تحت شعاع قرار می‌دهد.

این فعالیت خلاقانه‌ی کودک همانند موفقیتی بزرگ به تصویر کشیده شده و احساسات و عواطف او را حفظ می‌کند. این امواج احساسی هوشیاری کودک را نسبت به محیط اطراف تقویت می‌کند. در ابتدا هرج و مرج به وجود می‌آید، پس از آن تبعیض رخ می‌دهد و بعد خلاقیت ایجاد می‌شود. بدین ترتیب می‌توان گفت هر آن چه را که به تصویر می‌کشیم، خواهیم دید.

در این فرایند صداهایی که از محیط اطراف برخاسته می‌شود در دهه‌ی اول به گوش کودک می‌رسد. ناگهان صداهای شنیده شده به هرج و مرج تبدیل شده و شنونده را مجذوب خود می‌کند. این زمان بسیار پیچیده است و همانند یک موسیقی دنیا را پر می‌کند. حرکت و جنبشی که پس از آن اتفاق می‌افتد رویه‌ی رفتار مشخص را دست‌خوش تغییر می‌کند. تمامی این عوامل دریچه‌ی جدیدی از دنیای واقعی را به روی فرد باز می‌کند. دورنمایی که گاهی همراه با شکوه است! به تدریج گوش ها آنچه را که می‌شنوند منعکس می‌کنند؛ زبان شروع به گفتن آن چیزی که باور دارد، می‌کند ولبها بسته به سلایق فرد حرکت می‌کند. به ازاء چنین تحریک‌هایی، لذت‌هایی به او دست می‌دهد که بی نهایت است. زمانی که گوینده در حال سخن گفتن می‌باشد، کودک به حرکات لبهای او با دقت نگاه می‌کند و سعی دارد تا

آن‌چه را می‌شنود به خوبی درک کند. این همان دوره‌ی حساسی است که کودک می‌گذراند، به فرمان الهی آن را درک کرده ویاد می‌گیرد.

تمام این رویدادها به صورت مرموز و تحت شرایطی متناسب با احتیاجات درونی کودکان اتفاق می‌افتد؛ به عنوان مثال واقعه‌ی گفتار و صحبت را در نظر بگیرید، عموما در حالت سری و مخفیانه صورت می-گیرد.

تنها چیزی که گواهی مستدلی بر دوره های حساس محسوب می‌شود، لذت واضحی است که به هنگام صحبت کردن با کودک از طریق لبخندش نشان می‌دهد. زمانی که برای کودک لالایی خوانده می‌شود و مرتبا تعدادی کلمات در گوشش تکرار می‌گردد، حس لذتی که به وی دست می‌دهد همانند رویایی است که ضمیر ناخودآگاه او را فعال می‌کند.

بر طبق موارد فوق می‌توان حس خلاقانه را بهتر درک کرد. گواهی‌های دیگری نیز وجود دارد که نسبت به موارد بالا از وضوح بیشتری برخوردار هستند. زمانی که چیزی در محیط اطراف کودک باعث تحریک وی شود، حضور در دوره‌ی حساس قطعا باعث خواهد شد که او واکنش‌های متغیری داشته و تحت فشار غیر قابل کنترلی باشد. در واقع هیچ علت قابل توجیهی برای شرارت، نافرمانی، کج‌خلقی و خشم کودک در این دوره وجود ندارد. دلیل این امر حس پریشانی است

که به واسطه‌ی احتیاجات درونی در شخص عصبی و هیجان زده ایجاد می‌شود. حتی ممکن است در این دوره حالت تدافعی به خود گیرد.

پریشانی‌های گاه و بی‌گاه، ارتباط مستقیمی با حواس استثنایی کودکان دارد.

چنین واکنش‌هایی همیشه مورد توجه قرار گرفته می‌شود. در واقع زمانی که پرخاش‌گری به محض تولد ظاهری می‌شود عموما به عنوان شهادتی بر انحراف فطری نژاد تلقی می‌گردد.

این وقایع به این علت به چشم می‌آید که رویدادهای آسیب- شناسی در وهله‌ی اول مطرح می‌شود. در صورتی که همه چیز در آرامش سپری شود، اساسا هیچ مشکلی به وجود نیامده و نشانه‌ها منجر به ایجاد فعالیت‌های خلاقانه خواهند شد و وقایع هم‌چنان پنهان باقی می‌مانند.

زمانی که گفته می‌شود یک فرد بزرگسال توانسته وضعیت کودک را به درستی در هنگام بیماری تشخیص دهد به حدی تعجب آور است که گاهی غیر ممکن فرض می‌شود.

اگر چنین باشد دوره‌های سلامتی کودک عمدتا در میان فشارهای پنهانی سپری می‌شود که هم‌چنان نیز برای ما ناشناخته است. در صورتی که علت رفتارهای گاه و بی‌گاه او حقیقتا مرتبط با مسایل روانی باشد، آن‌وقت چه میزان از تغییر را به ناچار باید از این شروع فرض کرد؟!

ما فاقد علم بهداشت روانی در مورد کودکان می‌باشیم. در حال حاضر ما هیچ چیز آماده در محیط اطراف برای محافظت و ذخیره‌ی آن نداریم. اثرات پنهانی که در روحیه‌ی هر شخص وجود دارد اغلب از دید اطرافیان مخفی می‌ماند.

با توجه به علت‌های مختلف، اوایل زندگی انسانی تحت چنین شرایطی و متناسب با ذات طبیعت به وجود می‌آید.

❖ نظم

از میان دوره‌هایی مختلف حساس، یکی از مهم‌ترین و مرموزترین آن‌ها دوره‌ای است که کودک نسبت به نظم، حساس می‌شود. این حواس معمولا در سال‌های اول زندگی ظاهر شده و زود می‌گذرد. بدین ترتیب کاملا مشخص است که کودکان نافرمانی را در طبیعت وجودی خود دارند. در باره‌ی چنین مسایلی نمی‌توان به خوبی قضاوت کرد؛ به عنوان مثال کودکی که در محیط محدودی زندگی می‌کند و همیشه اوضاع به وسیله‌ی والدین در حال تغییر می‌باشد، دوره‌ی حساس متفاوت‌تری را تجربه خواهد کرد. دوره‌ی حساسی که متناسب با نظم و با فرض مباحث فوق در نظر گرفته می‌شود دقیقا همان دوره‌ای است که ناکامی به بار می‌آورد. تحت چنین شرایطی نتیجه‌ی وضعیت غیرمعمول خواهد بود که اغلب منجر به گریه و ناراحتی کودک تا حد بسیار زیادی می‌شود.

سال‌ها پیش با منظره‌ای روبرو شدم که مرا به فکر واداشت. کودکی شش ماهه برای نگهداری و مراقبت به مهد کودک سپرده شده بود و ساعات بسیاری از روز را در آن‌جا می‌گذراند. یک روز خانمی به مهد کودک آمد و چتری را که همراه خود داشت روی میز گذاشت. ناگهان کودک حالت غمگینی به خود گرفت و مدت زمان زیای به چتر خیره ماند. او نه از دست آن خانم بلکه به خاطر چتر آفتابی به هم ریخت. پس از چندی شروع به گریه کرد.

نخست تصور کردیم که کودک آن چتر را می‌خواهد؛ چتر را فورا به او دادیم وسعی کردیم با لبخند نحوه‌ی استفاده از آن را به کودک آموزش دهیم؛ اما او چتر آفتابی را پس زد و علی‌رغم تمامی تلاش‌های ما حالت غمگین‌تری به خود گرفت. باید چه کار می‌کردیم؟ این یکی از موضوعات نا به هنگامی بود که کودک را به اعماق احساسات تند و شدید دوران طفولیت می‌برد. از این رو تصمیم گرفتیم تا با مادر بچه در باره‌ی علت ناآرامی کودک صحبت کنیم؛ قطعا او می‌دانست که دلیل چیست. به محض اینکه حرف‌هایمان تمام شد مادر برخاست و چتر را از اتاق بیرون برد. فورا گریه‌ی کودک آرام شد و ساکت گوشه‌ای خوابید. این چتر روی میز بود که در او اختلال عصبی ایجاد می‌کرد و ربطی به مکان آن نداشت. در حقیقت، آن کودک با به یاد آوردن خاطراتی که با دیدن چتر در ذهنش نقش می‌بست، به هم می‌ریخت و گریه می‌کرد.

مثال بعدی ما درباره‌ی بچه‌ای است که یک سال و نیم دارد. چند سال پیش، من ترتیب یک بازدید گروهی از "غار نرو" در ناپل را دادم، در میان ما مادر جوانی با کودکش نیز حضور داشت. این غار از همه طرف تا تپه ادامه داشت؛ به همین علت پیمودن این همه راه برای کودکی به این سن خیلی دشوار بود. در واقع آن کودک خیلی زود خسته شد، مادرش او را بر دوشش گذاشت و به راه رفتن ادامه داد. بعد از چند دقیقه، قدرت بدنی مادر نیز تقلیل رفت و هر دو خسته از مسیر، چند لحظه توقف کردند. به علت گرمای هوا مادر کت خویش را در آورد

و مجبور به حمل آن شد. کودک شروع به گریه کرد و صدای او هر لحظه بلند و بلندتر می‌شد. مادر نگران شد و فورا سعی کرد تا چاره‌ای بیندیشد. مرتبا به کودک نگاه می‌کرد و می‌دید که وضعیت او رفته رفته بدتر می‌شود .

تفکر من بر این بود که چنین واکنشی عموما بر اساس حواس درونی رخ می‌دهد؛ از این رو هر کاری می‌توانستم انجام دادم. سراغ مادر رفتم تا اگر به چیزی نیاز دارد کمک کنم. او در حالتی سرشار از سردرگمی به من نگاه کرد؛ هنوز هم حس گرگرفتگی داشت و به سختی راه می‌رفت. زمانی که کج خلقی و اوقات تلخی کودک فروکش کرد، اشک‌هایش قطع شد و اضطرابش فروکش کرد و کودک مرتبا می‌-گفت:" کت را بپوش".

به نظر می‌رسد که مادر به این فکر می‌کرد که حداقل آنچه را می‌خواسته، دیده است. زمانی که بچه بازوان مادرش را فشار می‌داد لبخندی روی لب‌هایش نشست که سختی راه رفتن در مسیر را آسان کرد.

با توجه به مثال‌های ارایه شده، می‌توان به خوبی درک کرد که تا چه حد غریزه شدید عمل می‌کند و باعث تحریک می‌شود.

یکی از جالب‌ترین پدیده‌هایی که در مدرسه مشاهده شده است این است که هروقت چیزی در محل مناسب خود قرار گرفته نشود،

کودک نسبت به آن واکنش نشان می‌دهد. در واقع کودکان هر چیزی را با جزییات در ذهن خود ثبت کرده و بزرگ می‌شوند.

به عنوان مثال اگر یک قالب صابون به جای بودن در جا صابونی بر روی میز باشد یا اگر یک صندلی در محل مناسب همیشگی خود نباشد. آن کسی که صابون و صندلی را در سر جای مناسب خود می‌- گذارد همان کودک است. بدون شک زمانی که احتیاجات کودک برطرف شود رضایت او تبدیل به خوشحالی و لذت واقعی خواهد شد. به عنوان مثال وقتی در مدارس زنگ ورزش تمام می‌شود، یکی از بچه‌ها مسئول قرار دادن وسایل در قفسه و سرجای خودشان می‌شود. در واقع این یکی از مسایلی است که بچه‌ها با شادی تمام انجام می‌دهند.

هر چیزی که در مکان مخصوص به خود قرار گرفته شود به این معنی است که کسی آن را به یاد داشته است. می‌توان گفت که مغز، محیط اطراف را پردازش کرده و با دقت فراوانی هر کدام از اجسام را با چشم دنبال می‌کند؛ اگر واقعا به دنبال آرامش در زندگی هستیم به چنین محیطی نیاز خواهیم داشت.

بازی‌های بخصوصی که کوکان انجام می‌دهند لذت واقعی زندگی را برای ما نمایان می‌کند. این بازی‌ها که گاهی اوقات باعث برانگیخته شدن احساسات ما می‌شود، لذت خاصی مانند پیدا کردن چیزی که مدت‌هاست گم شده، ایجاد می‌کند. در ادامه، موضوع را بیشتر شرح خواهم داد.

دو یا سه سال پیش بود که گروهی کودک از من برای شرکت در بازی قایم‌باشک دعوت کردند، به کلی شگفت زده شده بودم. به نظر می‌رسید آن‌ها برای انجام بازی به وجود آمده بودند. شیوه‌ی بازی آن‌ها به این صورت بود که یکی از بچه‌ها زیر پارچه‌ی رومیزی می‌خزید و پنهان می‌شد. مابقی نیز اتاق را ترک می‌کردند و بعد از چند دقیقه به اتاق بر می‌گشتند، پارچه‌ی رومیزی را بر می‌داشتند و کودکی را که پنهان شده بود، می‌یافتند. در آن لحظه ناگهان همگی با ذوق و خوشحالی فریاد می‌کشیدند و از اینکه یکدیگر را پیدا کرده بودند، بالا و پایین می‌پریدند. آن‌ها این بازی را چندین بار به همین شکل انجام می‌دادند و هر بار یک نفر زیر میز می‌رفت و می‌گفت:"اکنون نوبت من است".

روزی که من به گروه بازی آن‌ها ملحق شدم، دیدم که با چه ذوقی دست می‌زنند، فریاد می‌کشند، و به دنبال یکدیگر می‌گردند. آن‌ها به سراغ من آمدند و گفتند:"با ما بازی می‌کنی؟ تو قایم شو!". من پذیرفتم و آن‌ها بدون هیچ معطلی از اتاق خارج شدند تا ببینند که من کجا پنهان می‌شوم. من پشت در قایم نشدم بلکه به گوشه‌ای در اتاق رفته و پشت قفسه‌ی ظروف مخفی شدم. زمانی که بچه‌ها به درون اتاق بازگشتند، همگی به سمت در رفتند تا مرا آنجا پیدا کنند. اندکی صبر کردم؛ اما چون هیچ کدام از آن‌ها برای پیدا کردن من نیامدند، از پشت

قفسه بیرون آمدم. صورت آن‌ها غرق در ناراحتی بود؛ به محض اینکه مرا دیدند گفتند:" چرا با ما بازی نمی‌کنی؟ چرا قایم نشدی؟".

در واقع زمانی که ما با کودکان بازی قایم باشک می‌کنیم، باید این را بپذیریم که تکرار هر آنچه که به آن عادت دارند، باعث خوشحالی آنان می‌شود. بچه‌ها در سنین مشخصی تمایل دارند تا هرچیزی را در مکان خاص خودش بیایند و این عملکرد عجیب را مدام تکرار می‌کنند. مخفی شدن در نظر آن‌ها به این معنی است که اجسام به مکان پنهانی منتقل شوند و از دید بقیه نامریی گردند." با اینکه کسی نمی‌تواند آن‌ها را ببیند؛ اما من می‌دانم کجاست؛ من با یک نگاه می‌فهمم که مکان خاص آن ها کجاست!" .

تمامی این مسایل نشان می‌دهند که وجود چنین حواسی در ذات کودک نهفته شده و توان تشخیص یک چیز از یک چیز دیگر و یا ارتباط‌های موجود در میان اجسام با محیط را به او اعطا کرده است. کودک به این وسیله متوجه می‌شود که کدام قسمت ها مستقل از دیگری است. در چنین محیط‌هایی است که کودک متوجه‌ی قصد خود شده و هدف‌دار می‌شود، در غیر این‌صورت در بافت زندگی دچار مشکل شده و ارتباطات آن غیر ممکن خواهد بود. این به این صورت است که قبلا وسایل تزییناتی خانه را داشته باشیم؛ اما خود خانه را نه! اگر ارتباطی میان اجسام و محیط اطراف وجود نداشته باشد، عاقبت چه عکس‌هایی در ذهن کودک نقش خواهد بست؟ وقتی که هیچ‌گونه

آگاهی در رابطه با اشیاء وجود نداشته باشد، در ذهن شخص هرج و مرج به وجود می‌آید. کودکی که در ذهن خود چیزهایی را ساخته و پرداخته است، توانایی که از جانب طبیعت به او القا شده عموما باعث مسیریابی بهتر زندگی وی خواهد شد. در دوره‌ی حساس نظم است که طبیعت درس‌های مهم زندگی را مانند یک معلم به کودک یاد می‌دهد. این دوره مثل یک قطب‌نمای دریایی از جانب طبیعت است که مسیر یافتن دنیا را به کودک نشان می‌دهد. هم‌چنین این دوره، توانایی تولید صداهای بی‌پایان را در طی سالیان متمادی فراهم می‌کند. در واقع بنیان و اساس زندگی کودک در طول مدت پیمودن دوره‌های حساس ساخته می‌شود.

❖ نظم درونی

حواسی که در کودکان منجر به پذیرفتن یا نپذیرفتن نظم می- شود، دو برابر است. این حواس هم‌زمان با هم در شخص فعال می‌گرد. یکی از این حس‌ها با ارتباط میان قسمت‌های مختلف محیط خارجی نسبت دارد و دیگری نیز مربوط به محیط داخلی می‌باشد. بخش‌هایی که مرتبط با محیط داخلی هستند اساسا باعث فعال شدن قسمت‌هایی از بدن می‌گردد که در حرکات آن دخیل است.

این موقعیت‌یابی درونی اخیرا توسط علم روان‌شناسی تجربی مورد بحث و بررسی قرار گرفته شده است. وجود حس عضلانی نیز در این زمینه به چالش کشیده می‌شود. چنین حسی به درک موقعیت اندام زیرین و در همان حال ثبت حالت به خصوصی از حافظه- حافظه‌ی عضلانی – مرتبط می‌باشد. علم روان‌شناسی از تمرینات فوق و نظریه‌ی ماشینی نگری برای تحلیل موضوعات پیش رو استفاده می‌کند. به علاوه، دانش مذبور بر مبنای تجربه‌ی هشیار حرکات انجام شده، اقدام به تحقیق و بررسی می‌نماید. اگر شخصی برای گرفتن چیزی دست خود را دراز کند، او این حرکت را درک کرده و به خاطر می‌سپارد و تکرار می‌کند. به این ترتیب، او می‌آموزد که چگونه دست‌های خود را به چپ و راست تکان می‌دهد و هم‌چنان نیز موفق باشد.

رفتار این چنین کودکانی نشان می‌دهد که قبل از اقدام به حرکت، کاملا آزاد هستند و تجربه‌های قبلی در این زمینه او را به دوره-

های حساس در وضعیت بدن‌هایشان هدایت می‌کند. این طبیعت بدن آن‌هاست که حواس بخصوصی را پیرامون موقعیت‌ها و طرز برخوردها آماده می‌کنند. قبلا تئوری‌های مختلفی در رابطه با مکانیسم‌های عصبی تنظیم و ارایه شده است؛ اما دوره‌های حساس اساسا به وقایع روانی نسبت داده می‌شوند که نور و هیجانات روحی را پیش درآمد و مبدایی برای ضمیر ناخودآگاه فرض می‌کنند. منظور از ضمیر ناخودآگاه خلاقیت عناصر بنیادی است که باعث ساخت یک دنیای روانی می‌شود. این بخشش طبیعت است که چنین امری را ممکن می‌سازد. در واقع تمامی تجربیات مرتبط با هوشیاری صرفا جهت توسعه‌ی ماهیت حقیقی خود به کاربسته می‌شوند.

هر زمانی که شرایطی در محیط با توان آشکار خلاقانه در تضاد باشد، آنگاه می‌توان قطعا گفت که اثبات‌های منفی نیز حاکی از وجود دوره‌ای حساس می‌باشد. کودکی که در دردسر افتاده است، رفتاری پرخاشگرانه دارد و نمی‌تواند ساکن باقی بماند. تحت چنین شرایطی او با همه چیز مخالفت می‌کند و علایم بیماری را به طور واضح نمایان می‌سازد. زمانی که آن ها تشویق، اوقات تلخی و ناراحتی را همزمان با هم حذف می‌کنند، در بعضی از مواقع پدیده‌های غیر طبیعی به وجود می‌آید.

یکی از مثال‌هایی که در این باره می‌توان زد، درباره‌ی پرستار انگلیسی است. او مسئول مراقبت از یک نوزاد بود که خانه را برای مدت

کوتاهی ترک می‌کند. در این مدت نیز پرستاری را به جای خود می‌-
گذارد تا سریع کارش را انجام داده و برگردد. پرستار جدید همه چیز را
خیلی راحت پیدا می‌کند، اما زمانی که می‌خواهد نوزاد را به حمام ببرد
با مشکل مواجه می‌شود. از این‌رو کودک سر ناسازگاری با وی می‌گذارد
و سعی می‌کند تا از بغل پرستار رها شود. کودک با دست و پا زدن بیش
از حد پرستار را در وضعیت سختی قرار می‌دهد. تمام مراقبت‌های
وسواسی او از بین می‌رود و به تدریج کودک با وی مخالفت و بیقراری
می‌کند. زمانی که پرستار قبلی به خانه باز می‌گردد، کودک آرام می‌شود
و اجازه می‌دهد تا او را به حمام ببرند. به این وسیله کودک نشان می‌-
دهد که تا چه اندازه برای این کار مشتاق نیز هست. زمانی که پرستار
جریان را از دهان همکار خود می‌شنود، کنجکاور می‌شود تا علت تمامی
این رویدادها را بداند. او به دنبال دلیل روانی قضیه می‌گردد و سعی
می‌کند تا توضیحی برای آن بیابد. به دو چیز دست می‌یابد: نوزاد
پرستار جدید را مانند یک شیطان پنداشته بود. چرا؟ زیرا او نوزاد را به
روش اشتباهی حمام کرده بود. پس از آن هر دو پرستار رویه‌ی یکدیگر
را با هم مقایسه کردند. به نظر می‌رسید که یکی از پرستارها در زمان
حمام دادن نوزاد، دست راست خود را به زیر سر او و دست چپش را
روی پاشنه‌ی روی می‌گذاشته است؛ درحالی که پرستار دیگر دقیقا به
حالت مخالف و برعکس، آن نوزاد را حمام کرده است.

اکنون به سراغ مثال دیگری می‌رویم که دقت رفتار با کودک را تا حد بیشتری نشان می‌دهد. در این مثال، عوامل نامطلوب منجر به بیماری واقعی می‌شود؛ در حالی که تشخیص علل واقعی آن بسیار دشوار است. خود من نیز وقتی این داستان را شنیدم راجع به عواقب پزشکی و پیشرفت کل قضیه به شدت نگران شدم. سن کودک هنوز به یک سال و نیم نرسیده بود. کل خانواده به تازگی از یک سفر طولانی بازگشته بودند. همگی می‌دانستند که چنین سفری با این بازه‌ی زمانی طولانی قطعا برای کودکی با این سن و سال خسته کننده بوده است؛ اما در مقابل آن نیز می‌گفتند که همه چیز واقعا به خوبی و خوشی گذشته است. آن‌ها برای گذراندن شب‌های سفر هتلی را رزرو کرده بودند که نه تنها منظره‌ی خوبی داشت بلکه برای کودک نیز گهواره گذاشته شده بود و غذای مناسب سن او را سرو می‌کرند. در زمان برگشت، آن‌ها آپارتمان مبله‌ای را اجاره کردند تا کمی درآن به استراحت بپردازند. در این آپارتمان، گهواره‌ای برای بچه نبود؛ به همین خاطر کودک همراه با مادرش روی تخت بزرگی خوابیدند. کودک بیمار شده بود و اولین علایم آن نیز بیقراری در شب و و مشکل گوارشی نشان بود. کودک می‌بایست مرتبا به وسیله‌ی مادر بغل می‌شد و به خاطر دل‌دردش فقط گریه می‌کرد. از این رو به متخصص اطفال زنگ زدند تا برای ویزیت کودک به آپارتمان بیاید. یکی از دکترها گفت که کودک باید غذاهای پر از ویتامین مصرف کند. همچنین حمام آفتاب و درمان‌های فیزیکی نوین

نیز می‌تواند حال کودک را خوب کند؛ اما هیچ کدام از این کارها افاقه نکرد. حال کودک نه تنها بهتر نشد بلکه بدتر هم شد.

هیچ کس در خانه نمی‌توانست بخوابد و شب‌های سختی را پشت سر می‌گذاشتند. مشاهده‌ی کودک در وضعیتی که از شدت درد به خود می‌پیچید، حال همه را دگرگون ساخته بود. در طول روز، دو یا سه بار به او حمله دست می‌داد. تصمیم گرفته شد تا به متخصص بهتری در زمینه‌ی بیماری‌های عصبی کودکان تماس بگیرند. جلسه‌ی مشاوره‌ای ترتیب داده شد و من نیز در آن حضور داشتم. با توجه به آن‌چه که خانواده‌ی کودک تعریف می‌کردند، کودک در طول مدت سفر در سلامتی کامل بوده و هیچ مشکلی نداشته است. از این رو تمامی اتفاقات اخیر احتمالا یک علت روانی نظیر افسردگی داشته است. کودک روی تخت دراز کشیده بود و مثل همیشه بیقراری می‌کرد. من دو صندلی برداشتم و آن‌ها را روبروی هم قرار دادم. به طوری‌که شکل یک گهواره شد. در وسط دو صندلی یا همان گهواره، پتو و ملافه گذاشتم. بدون گفتن حتی یک کلمه به تخت نوزاد نزدیک شدم. کودک به من نگاه کرد و گریه اش را متوقف ساخت، غلت زد و به لبه‌ی تخت رسید. ناگهان به سوی گهواره لغزید و مرتبا تکرار می‌کرد:" تخت..... تخت......تخت". به محض اینکه در گهواره جای گرفت به خواب عمیقی فرو رفت و هیچ اثری از تشویش و بیقراری نیز در او وجود نداشت.

کاملا مشخص است که کودک نسبت به تخت کوچک حساس بوده و در گهواره احساس آرامش بیشتری می‌کند. گویی تخت بزرگ به او حس آرامش و راحتی نمی‌داده است؛ از این رو حس بیماری پر استرس‌ترین زد و خوردی است که سلامت انسان را تحت شعاع خود قرار می‌دهد. در چنین دوره‌هایی توانایی فردی بیشتر شده و دستان طبیعت در شخص خلاقیت بیشنری ایجاد می‌کند.

کودکان نمی‌توانند به اندازه‌ی ما نظم را درک کنند. این عدم وجود"استرس و افسردگی" است که ما را از هم متمایز می‌کند. کودکان هیچ کدام از این خصلت‌ها را ندارند. بچه‌ها پاک هستند، ذات بدی ندارند و شرارت در وجودشان نیست و تنها خلاقیت را می‌فهمد و بس! او میراث ماست. ما فرزندان مردی هستیم که از پیشانیش عرق ریخته و تلاش‌هایش را به هیچ شمرده‌ایم. ما ناسپاس هستیم و همیشه در این خیال می‌باشیم که جایگاه خود را در جامعه خیلی بالاتر فرض کنیم. ما عموما تمایل داریم تا از توانایی خویش جهت موقعیت‌یابی دنیا و درک احساسات عجیب بهره بگیریم. اگر ثروتمند شویم آن را به دوران طفولیت و بنیان‌هایی که آن زمان در ما شکل گرفته، نسبت می‌دهیم.

اساسا تلاش‌های بسیاری از زمان تولد تا اکنون برای درک محیط صورت گرفته است. دلیل واکنش‌های فرد به نحوه و رویه‌ی زندگی او بستگی دارد.

در دوران طفولیت، ما نه چیزی حس می‌کنیم و نه به یاد می‌آوریم.

❖ هوش

کودکان اغلب به واسطه‌ی قدرت تخیلی که دارند می‌توانند تصاویر را به خوبی در ذهن حک کرده و حتی خاطرات پنج سالگی را نیز به یاد بیاورند. آن‌ها به مشاهده‌ی اتفاقات خارجی نشسته و بسته به احساس خویش تصاویر را ثبت می‌کنند. هم‌چنین کودکان مانند آینه‌ای می‌مانند که گذشته را منعکس می‌سازند. هر بیننده‌ای سلایق و علایق بخصوصی دارد که متناسب با آن، تصاویر را تحلیل می‌کند. یک کودک بی‌تجربه می‌داند که مسیر فعالیت خود را باید به تنهایی دنبال کند.

اکنون به سراغ نقل مثال‌هایی خواهیم رفت که در باره‌ی کودکان بزرگ‌تر عنوان شده و موضوع بخش حاضر را شفاف‌تر می‌کند. یک کودک هفت ماهه بر روی قالیچه‌ای کف زمین نشسته و با کوسنی بازی می‌کرد. روی کوسن تصاویری از گل وجود داشت. کودک آن‌ها را بو می‌کرد و با لذت می‌بوسید. در آن خانه کلفت نادانی نیز حضور داشت که مسئول مراقبت از کودک بود. او متوجه شده بود که بچه از بوییدن و بوسیدن لذت می‌برد، از این‌رو هر چیزی را که می‌توانست برای کودک می‌آورد و مرتبا به او می‌گفت:"این را بو کن و بعد ببوس.کودک حسابی گیج شده بود. او سعی می‌کرد تصاویر را درک کرده و با اشتیاق تمام این کار را انجام دهد. ذهن فراموش کار بزرگ‌سالان این تلاش مرموزانه را از یاد می‌برد؛ اما ذهن کودک نه! وقتی کودک را مجبور به انجام

چنین کارهایی می‌کنیم، گویی روی شن‌های ذهن او طرحی می‌زنیم که تا حدی آن را به یاد خواهد داشت.

در نخستین سال زندگی کودک، او دارای برداشت حسی واضحی از محیط اطراف خود می‌باشد. بچه‌ها در این سن و سال قابلیت درک چیزهایی را که اطرافشان هست، دارند و بسته به دیدگاه‌شان طرحی از آن‌ها در ذهن خود ثبت می‌کنند. هم‌چنین گاهی اوقات نیز برداشت-هایی از محیط اطراف خود خواهند داشت که آن‌ها را بی میل می‌کنند.

به محض اینکه کودک وارد دومین سال زندگی خود می‌شود. دیگر جذب چیزی نشده و بیشتر به رنگ‌های محیط دقت می‌کند. در این زمان است که او در نخستین هنگام دوره‌های حساس به سر می‌برد. اکنون کودک به سمت رویدادها و مسایلی سوق پیدا می‌کند که ما عموما از کنارشان به سادگی می‌گذریم. عوامل نامریی و ناپیدا بیشتر از هر چیز دیگری هوشیاری او را به سمت خود می‌کشاند.

وقتی که کودک پا به سن پانزده ماهگی می‌گذارد، حواس او نیز به کمکش می‌آیند. وی با صدایی بلند می‌خندد و از چیزهای غیر معمول متعجب می‌شود. بچه در باغ به تنهایی قدم می‌زند و روی تراس آجری زیر نور خورشید می‌نشیند؛ اما هیچ کدام از این‌ها را نمی‌بیند. او به زمینی خیره می‌شود که من به شخصه نمی‌توانم چیزی در آن بیابم. این یکی از مسایلی است که در دوران کودکی اتفاق می‌افتد. روزی که من این حالت رادر آن کودک دیدم، گفتم:"من نیز نگاه کردم؛ اما چیزی

ندیدم". او برای من این‌گونه توضیح داد :" فقط ما می‌فهمیم". این بار با دیدگاه او به زمین نگاه کردم و تفاوت رنگ‌ها را در مقابل چشم‌هایم دیدم. او به من نشان داد که هر چیزی حتی چیزهای کوچک را می‌توان دید و درک کرد. بار دیگری نیز او را با همین وضعیت، خیره به زمین دیدم. وقتی از او پرسیدم که به چه چیزی نگاه می‌کند، گفت که موجود کوچکی روی زمین در حال راه رفتن است. کودک درست می‌گفت. موجودی بسیار کوچک و کاملا همرنگ با زمین در حال راه رفتن بود و من نتوانسته بودم آن را ببینم. در واقع کودکان، نسبت به موضوعاتی دقیق می‌شوند که نزد بزرگ‌سالان چندان اهمیتی ندارد.

اکنون به سراغ داستان دیگری راجع به کودکی با همین سن و سال خواهیم رفت. زمانی که من با آن پسر بچه آشنا شدم، مادر او یک مجموعه از کارت پستال‌های رنگی برای فرزندش تهیه کرده بود. به نظر می‌رسید که کودک تمایل دارد تا کارت‌ها را به من نشان دهد؛ از این رو آن‌ها را نزد من آورد. پسربچه برحسب سلیقه‌ی خود نامی را روی آن‌ها گذاشته بود:"بن بن " از روی اسم مجموعه متوجه شدم که قرار است تصاویری از یک اتومبیل را به من نشان دهد. کالکشن او مشتمل بر تصاویر مختلفی بود. عکس‌ها را با دقت بسیاری تماشا کردم. کاملا مشخص بود که مادر پسربچه قصد داشته تا خلاقیت و ذوق کودک را در همه‌ی زمینه‌ها ترکیب کند. در کالکشن، عکس‌های متنوعی از زرافه، شیر، خرس، میمون، پرنده، حیوانات اهلی نظیر گوسفند، گربه، خر،

اسب و گاو وجود داشت؛ حتی تصویر انسان نیز در مجموعه جای داده
شده بود. چیزی که بیشتر از همه تعجب من را برانگیخت این بود که
در کالکشن همه چیز با دقت گذاشته شده بود، اما اتومبیل نه!! رو به
پسربچه کردم و گفتم:" چرا در مجموعه‌ی تو اتومبیل نیست؟". او
بلافاصله شروع به گشتن کرد. کارت پستالی پیدا کرد و با خوشحالی
تمام گفت:"این‌جاست". تصویر روی کارت اتومبیل نبود؛ بلکه صحنه‌ای
از یک شکار را نشان می‌داد! اما آن چیزی که بیشتر از همه در عکس
توجه مرا جلب کرد، ورزشکاری بود که تفنگی روی شانه داشت و از
مسافتی دور می‌آمد. در گوشه‌ای از کارت نیز خانه‌ی کوچکی وجود
داشت که به جاده‌ای منتهی می‌شد. در طول این مسیر نیز نقطه‌هایی به
چشم می‌خورد. پسربچه با انگشت به نقطه‌های درون جاده اشاره کرد و
گفت:" اتومبیل"! در واقع نقطه‌های درون جاده برای او معنی اتومبیل را
داشت. آن چیزی که باعث شده بود تصویر برای پسربچه جالب باشد؛ در
حقیقت دشواری جستجوی اتومبیل در محیطی بزرگ بود.

کاملا مشخص است که یک کودک دوساله، دیگر با تمامی
چیزهای محیط اطراف خود آشنا شده و هوش خود را برای درک بهتری
از محیط به کار بسته است.

اکنون به سراغ چندین نمونه از تجربیات مشخص خود رفته و
موضوع فصل حاضر را بیشتر تفسیر خواهیم کرد.

چندی پیش، کودک ۲۰ ماهای نزد من آورده شد. کنار او نشستم و کتاب انجیل را با توضیحاتی از " گوستاور دور" به وی نشان دادم. در میان عکس‌ها نقاشی قدیمی از جشن رافاییل وجود داشت. ابتدا، تصویر عیسی مسیح را در حال صدا کردن کودکان انتخاب کردم و به این صورت محتوای عکس را توضیح دادم:

"عیسی دست کودکی را در دست دارد و بقیه‌ی کودکان نیز به او گوش می‌دهند. همگی آن‌ها به عیسی نگاه می‌کنند و عیسی نیز آن‌ها را دوست دارد".

هیچ نشانه‌ای از علاقه و اشتیاق در کودک مشاهده نکردم؛ از این رو کتاب را ورق زده وسعی کردم تا چیز دیگری پیدا کنم. به محض اینکه صفحه‌ی بعد را آوردم. کودک ناگهان گفت:"او خوابیده است". لبخند زدم و از این که توانسته بودم در روحیه‌ی کودک تحریکی ایجاد کنم، خوشحال شدم. از کودک پرسیدم:" چه کسی؟". کودک با حالتی سرشار از اشتیاق و عاطفه به من نگاه کرد و گفت:"عیسی !".

تصویری از صورت مسیح بلند قامت بود که از بالا به کودکان نگاه می‌رد. نگاه رو به پایین او باعث شده بود که چشمانش بسته به نظر برسد. وقتی کودکان به عکسی نگاه می‌کنند بیشتر جزییات آن را از نظر گذرانده و اساسا اقدام به سنتز ذهنی می‌نمایند. از نظر آن‌ها موجودات بی عرضه و عاجز نمی‌توانند راه درست را برای نگاه کردن به اجسام بیابند. احتمالا در ذهن کودکان، بزرگ‌سالان اشخاصی بی‌دقت و بی-

احتیاط هستند. شگفتی‌ها را بدون بهره‌گیری از هوش می‌گذرانند. اگر ما بتوانیم دنیای ذهنی خود را بزرگ کنیم، آن‌گاه دروغ‌های ما باعث عدم اطمینان ما نسبت به محیط اطراف خواهد شد. تحت چنین شرایطی قطعا مسیر ما از آنچه متقاعد کننده است، جدا می‌شود.

هیچگونه فهم متقابلی میان یک کودک و فرد بزرگ‌سال در زمان القا جزییات از جانب معلمان یا پرستاران وجود ندارد. هر کدام از این اشخاص سعی دارند ذهن کودک را نسبت به اشیا اطرافش آشناتر ساخته و درک کاملی به او اعطا کنند. آیا کودکان نیز مانند اشخاصی که کاملا کر هستند می‌توانند احساس داشته باشند؟

چنین فردی درک کاملی از محیط داشته و هرآنچه را که به او گفته می‌شود درک می‌کند؛ اما تنها نمی‌تواند پاسخی مناسب دهد!!

❖ انحرافات

واژه ی"شرارت" غالبا دو بخش از مقاومت وجودی کودکان را در بر می‌گیرد. یکی از آن‌ها مقاومت در برابر پذیرفتن کمک از سوی دیگران است که نسبت به دیگری راحت‌تر شناخته می‌شود. تحت چنین شرایطی کودک تمایل دارد تا کارهای خود را به تنهایی انجام داده و محکم و قوی باشد. اگر ما به آن مانند نوعی از تلاش‌های مستمر جهت دستیابی به استقلال نگاه کنیم، در این صورت مقاومت، بسیار شگفت انگیز خواهد بود. این مجاهدت و تلاش خود کودک است که به خویشتن کمک می‌کند تا درک بهتری از محیط داشته باشد. چنین تلاشی برای غلبه و تفکیک رفتاری، اغلب انعکاسی از زمان تولد خواهد داشت. زمانی که نوازد از بدن مادر جدا می‌شود، حالتی مستقل گرفته و وظایفی نظیر تنفس، گوارش و گردش خون را بدن او به تنهایی انجام می‌دهد. زمانی که کودک تمام تلاش خود را برای جدا سازی و انجام وظایفی که تا به حال اصلا انجام نداده به کار می‌گیرد، گویی برای بار دوم متولد شده و زندگی اجتماعی خود را مستقل از هر چیز و هر کس دیگری آغاز می‌کند.

به عنوان مثال تلاش پروانه‌ای را برای خروج از پیله و استفاده از بال‌هایش در نظر بگیرید. در این هنگام است که او مجددا متولد شده و از لانه‌ی خود برای یافتن غذا به محیط بیرون پرواز می‌کند.

همین تمایل، در کودکان تمام جهان نیز وجود دارد. همه‌ی آن‌ها دوست دارند وظیفه و کارهای خود را به تنهایی و برحسب غریزه انجام دهند.

همان‌گونه که پیش‌تر نیز گفته شده است، شرارت نوعی مقاومت در برابر بزرگ‌سالان می‌باشد. تحت چنین شرایطی، کودکان می‌خواهند مانند بزرگ‌ترها رفتار کنند و عموما کمک آنان را نمی‌پذیرند. قول هدیه‌هایی نظیر اسباب بازی نیز نمی‌تواند آن‌ها را از مقاومتی که بروز می‌دهند، باز دارد. کودک بهانه‌گیر شده و همه چیز طلب می‌کند و تا زمانی که کودک پا از این دوره بیرون بگذارد وضعیت و خواسته‌های او اصلاح ناپذیر می‌باشد. پرواز متعلق به پرنده و شنا متعلق به ماهی است، اما این کار منحصرا مخصوص کودک نیست.

هر مخلوق تازه متولد شده‌ای فعالیتی مخصوص به خود دارد. ساختار بدنی موجودات کنونی چندان شبیه به ساختار استخوانی موجودات ما قبل تاریخ نیست. مطابق با تحقیقاتی که در باره‌ی بشریت ما قبل تاریخ صورت گرفته شده است، رفتارهای این‌چنینی در طی مدت گذشت سده‌های پی در پی جزیی از غریزه‌ی انسان بوده و به عنوان بازتابی از پیشین فرض شده است.

تلاش برای استقلال و تمایل به کار از جمله غریزه‌های است که کودک را در راستای تنظیم شخصیت خویش هدایت می‌کند. علت انجام چنین حرکاتی به یکتایی و یگانگی شخصیت وابسته بوده و فشارهای

درونی نیز در پیشرفت حقیقی آن موثر است. فرصت انجام چنین کارهایی در سن سه سالگی بیشتر شده و گاهی نیز منجر به انحرافات روانی می‌شود. زد و خوردهای که در زندگی هر روزه‌ی بزرگ‌سالان وجود دارد اغلب باعث تشدید انحرافات می‌گردد. اکنون موضوع کنونی را بیشتر توضیح خواهم داد.

در حال حاضر قصد دارم راجع به کودکی با شما صحبت کنم که در بهترین شرایط ممکن سلامتی و قدرت قرار دارد. او دارای بهترین توانایی تصور و تجسم بوده و توجه بسیاری به محیط پیرامون خود می‌نمود. صندلی برای او مانند قطاری بود که فرقی با هواپیما نداشت. او در ذهن خود با اسباب خانه، کاخی می‌ساخت که در بین ابرها سیر می‌کرد. ناگهان حرکات او باعث شد که قطار صدمه ببیند. او نمی‌توانست به چیزی دست بزند بدون اینکه آنرا خراب کرده یا بشکند. این کودک بسیار زیرک و تیزهوش بود. تحت چنین شرایطی ارتباط میان دو فعالیت قطع شده و او هیچ‌گاه دیگر به این سمت سوق پیدا نکرد. هوش سیر وسیعی نسبت به حقیقت دارد؛ در حالی که حرکات فردی، در ژرفای فعالیت‌های ناخودآگاه غوطه‌ور می‌باشد. همکاری والدین یک کودک در راستای تربیت شخصیت او قطعا زندگی وی را بهبود می‌بخشد. مطابق با نظریات زیگموند فروید، این مسئله اساسا به عنوان فراری از واقعیت به دوران طفولیت، مد نظر قرار گرفته می‌شود. تحلیل روان‌شناختی نیز آن را انحراف روانی می‌پندارد. در چنین انحرافی

فشارهای روانی راهی به سوی پوچی یافته و فرار آن به سمت فرصت ختم می‌شود.

اکنون وقت آن رسیده که به سراغ مثال دیگری برویم. کودک مورد نظر ما بسیار ضعیف و محتاج به کمک دیگران بود. همچنین او کج خلق و زودرنج بود و از هر چیزی می‌ترسید. همیشه در کنار مادرش راه می‌رفت و به برادر بزرگ‌تر از خود وابسته بود. وی پیش از این هیچ‌گاه به تنهایی بازی نکرده ویا از ابتکار خویش بهره نبرده است. او همیشه شیفته و خواهان خوردن غذاهای خوب بود، با کم‌رویی صحبت می‌کرد و گاهی نیز دروغ می‌گفت. هم‌چنین در انجام کارها سست، بی جان و بی روح بود. کاملا مشخص است که چنین کودکی هیچ‌وقت خود را به عنوان فردی مستقل نپنداشته است. او هیچ‌گاه خودش را از دیگران جدا نمی‌کند، حتی نمی‌داند که چگونه رفتار کند. مجموعا چنین کودکی هیچ‌گاه اتکاء به نفس نداشته و در درک خویشتن موفق نبوده است. در واقع او هیچ وقت متولد نشده و همیشه وضعیت خود را در کمال وابستگی به دیگران یافته است. شرایط این کودک یکی از اسارت‌های معمولی است که با اسارت فیزیکی دوقلوهای به هم چسبیده قابل قیاس می‌باشد.

زمانی که یک کودک در برابر ساختار شخصیتی خود مقاومت به خرج می‌دهد قطعا به انحراف کشیده می‌شود. اگر او منحرف شود، جلوه‌های منفی در ذات وی تجلی پیدا خواهد کرد. انواع مختلفی در

این نمونه وجود دارد. بعضی از آنها به صورت کاملا واضح تخریب می‌-
کنند، دروغ می‌گویند و سست عنصر باقی می‌مانند. موارد غیر عادی و
خلاف قاعده اغلب کمتر از بقیه مورد توجه قرار گرفته می‌شود. در
حقیقت حتی آنها به عنوان موردهای عادی و معمولی نیز در نظر
گرفته می‌شوند. با این حال، همه‌ی آنها انحرافاتی دارند. تنبلی، تمرد،
نافرمانی، ترسویی، خستگی و غم. تجسم‌های واضح، سرزندگی‌های
متلاطم، پیوستگی، عشق به داستان و غیره از جمله خصوصیاتی است
که خانواده‌ها به دلیل وجود آنها در فرزندشان افتخار می‌کند. چنین
نتایجی قطعا وضعیت را بهتر خواهد کرد. این‌گونه نقص‌ها در هر کودکی
وجود دارد. در بعضی بیشتر و در بعضی دیگر کمتر! در تعدادی از
کودکان کمرویی و بزدلی زیاد است و برخی دیگر نیز مشکلات روانی
دارند؛ اما در هر دو عادی بودن و بهنجاری وجود ندارد. زمانی که تمام
فعالیت‌های غیر معمول از بین برود، همه‌ی خصوصیات مذکور ناپدید
شده و شخصیت جدیدی در کودک ساخته می‌شود.

❖ آموزش

اکثر هیاهوها، تحریک‌ها و هیجان‌هایی که در کودکان وجود دارد به یک نیروی کمکی احتیاج دارند. اکثر اوقات این نیرو و هدایت درونی کودک را به انجام فعالیت‌های ناخودآگاه برای ساخت آینده‌ی وی مجبور می‌کند.

همیشه این حقیقت را در نظر داشته باشید: تمام مادرانی که به وجود نیروی هدایتی در فرزندان‌شان ایمان دارند نتایج بهتری نیز در تربیت کودکان خود می‌گیرند. در صورتی که کودکان از آن ندای درونی پیروی کنند، چه اتفاقی خواهد افتاد؟ در ادامه، مثال‌های واضحی راجع به عدم اطمینان به این حس درونی خواهیم آورد. این نمونه‌ها بسیار شبیه به زندگی روزمره‌ی هر کدام از ما می‌باشند.

کودکی یک سال و نیمه مشغول پر کردن کوزه‌ای بود که هم نسبت به قدش بلند بود و هم متناسب با قدرتش نبود. سپس کوزه را بلند کرد و قصد عبور از اتاقی را داشت که پر از وسایل گران قیمت و فرش‌های نفیس بود. آن کودک نه تنها به قدرت خود می‌بالید؛ بلکه تمام سعی خود را نیز به کار بسته بود تا قطره‌ای از آب کوزه بر روی زمین نریزد. در چهره‌ی او هیجان موج می‌زد و مرتبا پیش خود تکرار می‌کرد:"مواظب باش!". مادر دیگری نیز کودک بیست ماهه‌ی خود را مشغول قدم زدن در باغ تماشا می‌کرد. گاهی تعادل خود را برای راه رفتن از دست می‌داد و به همین علت به نرده‌ها تکیه می‌داد و راه می‌-

رفت. سگ‌ها نیز از راه رفتن کودک به شگفت آمده و درست پشت سر او حرکت می‌کردند.

اکنون به سراغ مثال بعدی می‌رویم. همه‌ی دستمال سفره‌ها به وسیله‌ی پیش‌خدمت خانه درون سبدی در یک اتاق خالی گذاشته شده بود. سبد به حدی کوچک بود که کودک یک سال و نیمه نیز می‌توانست به آن دسترسی داشته باشد. او با دقت تمام دستمال سفره‌ی بالایی را برداشت و بدون اینکه پوشش آن خراب شود، به سمت گوشه‌ی دیگر اتاق رفت. روی زمین نشست و گفت:"یک". مجددا به سوی سبد بازگشت. سفره‌ی دیگری برداشت و به همان دقت قبل آن‌ها را کنار هم چید. وقتی کنار اتاق می‌رسید، مثل قبل می‌گفت:"یک". زمانی که کارش تمام شد، همه‌ی سفره‌های داخل سبد گوشه‌ی اتاق چیده شده بود.

کاملا واضح است که با وجود تلاش‌های بسیار زیاد این کودک عملا هیچ کاری که جنبه‌ای سودمند داشته باشد صورت نگرفته است. تنها نکته‌ی مثبت فعالیت‌های مذبور درس کوچکی می‌باشد که هر کودک متناسب با انگیزه و هوش خود دریافت کرده است. به عنوان مثال کارهای آن‌ها شبیه به آموزشی است که بوکسرها قبل از آماده شدن برای ورود به زمین دریافت می‌کنند. تمرین‌هایی که مفید می‌باشند و اصلا شباهتی به فعالیت‌های اخیرشان نداشته است. این تمرین‌های آموزشی برای کودکان قطعا باعث رشد و پرورش آن‌ها

خواهد شد. فعالیت‌هایی مثل پرکردن کوزه و حمل آن به اتاقی پر از اشیا نفیس، قدم زدن طولانی مدت روی چمن‌های باغ و جا به جا کردن سفره ها بدون خراب شدن روکششان همگی نشان می‌دهد که هنوز برای انجام کارهایی که تمایل دارد، اجازه‌ی کامل به او داده نشده است. راه حل آن نیز آماده کردن شرایطی می‌باشد که بسته به آن بتواند برای مواجه شدن با محیط واقعی زندگی آماده شود. برای درک بهتر بحث، صدها مثال می‌توانم برای شما عنوان کنم که همگی حاکی از احتیاجات کودکان می‌باشد. کودکی که در مهد کودک گذاشته می‌-شود و فقط اجازه‌ی بازی با اسباب بازی‌هایش را دارد قطعا کمبودهایی را احساس خواهد کرد. کودک باید خیلی تلاش کند تا بتواند بر سختی‌-ها و دشواری‌های درونش غلبه کند. منظور از سختی، پاشیدن آب، از دست دادن تعادل ویا خراب نشدن پوشش سفره‌ها نیست؛ چیزی فراتر از آن هدف است. تلاش برای تمرین همگی به خود شخص بر می‌گردد. چه فرقی بین آموزش دیدن و ندیدین است؟ یک بوکسر آموزش ندیده مانند کودکی می‌باشد که قرار است پا به میدان نبرد بگذارد. دوران طفولیت همان زمانی است که کودک در حال آماده کردن خودش است. در واقع کودک تمام قدرت و نیروی خود را برای ساختن خود به کار می‌گیرد تا زمانی که دوره‌ی ابتدایی و مقدماتی به اتمام برسد، شخصیت کودک شکل گرفته می‌شود. وجود بزرگ‌سالان هم می‌تواند این مسیر را بهتر کند و هم می‌تواند وضعیت را بدتر کند. دنیای کودک در وهله‌ی

اول بسیار کوچک می‌باشد؛ اما رفته رفته زمانی که احتیاجات و خواسته‌های او بیشتر شده و شکل می‌گیرد، محیط اطراف وی نیز به اندازه‌ی توقعاتش وسعت می‌یابد. همان‌گونه که پیش‌تر نیز گفته شده است هیچ انسانی راضی نمی‌شود که وقت خود را به بطالت بگذراند.

اکنون سوال این است: اگر این انرژی سازنده در دوران طفولیت خنثی شود آن‌گاه نتیجه چه خوهد بود؟

علم آسیب‌شناسی تضادهای میان سلامتی و موارد غیر معمول را توصیف می‌کند، در حالی که شرایط معمولی و عادی غالبا با در نظر گرفتن موارد سالم سنجیده شده و می‌توانیم آن را به این نام بخوانیم: نه غیر عادی، نه وابسته به آسیب شناختی. انحراف تنها حالتی است که در آن انسان به همان صورتی که هست باقی می‌ماند. تحت چنین شرایطی آدم خود واقعیش را نشان می‌دهد، چگونه می‌توان متوجه آن شد؟

این نیز مانند بسیاری از رازهای طبیعت پنهان است. هر کودکی در ابتدا دارای شخصیتی طبیعی است. ما نیز می‌توانیم به او کمک کرده و وی را در این راه یاری کنیم.

در نهایت، بحث خود را با ذکر یک مثال به اتمام می‌رسانیم.

ریل راه‌آهنی را در نظر بگیرید که پس از طی مسیری دو شاخه می‌شود؛ هر دو ریل ابتدا همراه با هم و در کنار یکدیگر به پیش می‌روند و به سختی از هم جدا می‌گردند. راننده‌ی قطار خیلی باید مراقب باشد تا یکی را با دیگری اشتباه نگیرد؛ اما فرض کنید که او به اشتباه بیفتد و

قطار منحرف شود، آن وقت چه خواهد شد؟ قطار مسیر غلطی را در پیش خواهد گرفت، مسافت بیهوده‌ای را طی خواهد کرد و به مقصد نادرستی می‌رسد. قطاری که از مسیر صحیح منحرف شده ممکن است با مصیبت و دردسر نیز مواجه گردد. رسیدن به ایستگاه اشتباه بهترین نتیجه‌ای است که می‌توان فرض کرد؛ زیرا تمام مسافران سلامت به جایگاه می‌رسند. انحرافاتی که در شخصیت کودک به وجود می‌آید نیز مانند اشتباه رفتن قطار است، به ایستگاه غلط ختم شده و عمر را بیهوده تلف می‌کند. اگر کودک از مسیر باز نگردد معلوم نیست در نهایت چه پیش رو خواهد داشت.

❖ کودک سرکش و نافرمان

فعالیت کودکان مانند یک نیروی ناشناخته می‌باشد که انرژی را در سطح محیط به کار می‌گیرد. به نظر می‌رسد که یکی از ناراحت کننده‌ترین، احمقانه و آشفته‌ترین نوع انرژی مربوط به بزرگ‌سالان است. چنین انرژی‌ای باید متوقف شود. یک کودک اساسا اصلاح ناپذیر بوده و قضاوت راجع به جرم او باعث تحریکش می‌شود. او "شرور" نامیده می‌شود؛ شرارت و نافرمانی در زبان هایی مانند انگلیسی با معانی بدی ترجمه می‌گردد؛ اما در حقیقت فرایند بخصوصی از گذران دوره‌ی طفولیت است. انسان‌های بزرگ‌سال می‌توانند بد باشند؛ اما کودکان فقط شرور هستند. تفاوتی که میان معانی این کلمه در زبان‌های مختلف وجود دارد اغلب باعث می‌شود که هر شخصیتی برداشت گوناگونی از آن داشته باشد. در ارتباط با شرارت و نافرمانی، هیچ‌گونه احساسات غلطی اعمال نمی‌شود. در واقع واژه‌ی شرارت و مفاهیم آن همراه با رشد هر چه بیشتر کودک، ناپدید شده وبه خوبی یا بدی دوره‌ی بزرگ‌سالی تبدیل می‌شود. در این دوره‌های حساس است که خصوصیات فردی یک کودک شکل گرفته و منجر به ساختن شخصیت وی می‌شود. به عبارتی دیگر، شرارت پدیده‌ای است که پیرامون تمام کودکان با هر ملیتی وجود دارد.

بدی واقعی در کودکان رخ می‌دهد؛ اما مخصوص موارد فردی است. کودکانی نیز هستند که تمایل‌های اخلاقی غلطی دارند، این‌ها

کودکان مجرم می‌باشند و در طول زندگی خود، از ابتدا تا به امروز با اشخاص غیر عادی سر و کار داشته‌اند. محیط‌های خلاف اخلاق باعث معیوب شدن زندگی کودک و خصوصیات شخصیتی وی می‌شود.

اکثر محققان آنچه را که در واقعیت آسیب‌شناسی فیزیکی می‌بینند با پدیده‌های این چنین مقایسه می‌کنند. در کل، بیماری‌های ارثی و سرشتی وابسته به شخصیت فرد می‌باشد؛ در حالی که بیماری‌های سمی نظیر الکلیسم (می‌خوارگی) یا شکایت‌های به وجود آمده توسط مواد زهردار در بافت‌های طبیعت نفوذ یافته و تمامی بخش‌های سیستمی آن را مسموم می‌کنند. اکثر بیماری‌هایی که به شخص حمله می‌کنند به واسطه‌ی میکروارگانیسم‌هایی ایجاد می‌شود که ممکن است در هر جایی باشند. مجموعا بیماری‌های عفونی به عنوان عامل خطرناک واقعی برای تمام بشریت در نظر گرفته می‌شود.

آنچه با عنوان شرارت خوانده می‌شود یک انرژی سازا است که بشریت را تهدید کرده و ممکن است باعث آزار و اذیت توده‌ای از جامعه شود. وجود چنین انرژی در کودکان و طبیعت از جمله مواردی است که پیوسته با هم وسعت پیدا می‌کنند.

حرکات بی‌هدف و تصادفی ساختار یافته نیستند. چنین فعالیت‌هایی غالبا نمی‌توانند شخصیت فردی را بسازند. از سویی دیگر، فعالیت‌های سازا مستقیما به غرایض هدفمند ربط پیدا می‌کنند. هدایت درونی بخشی از وجود فرد می‌باشد که آن چه را باید انجام دهد به او نشان

داده و در راستای برطرف سازی نیازهای وی گام بر می‌دارد. فعالیت‌های سازا اغلب باعث می‌شود که کودک برای انجام کارها انگیزه و علاقه پیدا کرده و حالت افسردگی را از خویش دور می‌سازد.

از آن جایی که فعالیت‌های کودک باز نمودی از شخصیت اوست، به راحتی می‌توان قاعده و قانون آن‌ها را از هم جدا کرد.

وجود چنین مواردی را می‌توان به وسیله‌ی تحقیق‌های مستمر مورد بحث و بررسی قرار داده و اثبات‌های حقیقی به دست آورد. در باره‌ی تفسیر یک تمایل فعال، نظریات و عقاید مختلفی وجود دارد که باعث تثبیت واقعیت نظریه و فلسفه‌ی خوبی و بدی انسان می‌شود. آنچه اکنون مورد نیاز می‌باشد یک تشخیص عملی است. در حال حاضر اگر ما بخواهیم واکنشات کودکی شرور را اندکی از نزدیک مورد بحث و بررسی قرار دهیم، رفتارهای دفاع از خود وی را نیز باید ذکر کنیم. کودکان معمولا از خود در مقابل بزرگ‌ترها دفاع می‌کنند و کمک آنان را نمی‌پذیرند. اعتراض کودکان همیشه با گفتن کلمه‌ی "نه! نه!" به گوش بزرگ‌سالان می‌رسد.

آن چیز دیگری که در باره‌ی کودکان حائز اهمیت می‌باشد، علاقه‌ی آن‌ها برای لمس اشیا اطرافشان بخصوص چیزهایی که به وسیله‌ی بزرگ‌ترها استفاده می‌شود، قابل توجه است.

واکنش کودکان در زمانی که کمک بزرگ‌ترها را نمی‌پذیرند به این علت است که آن‌ها می‌خواهند به نوعی روی پاهای خود بایستند. برای آنچه که نمی‌توانند انجام دهند نیز آن‌قدر سعی می‌کنند تا بلکه انجام شود.

در دوره‌ی آماده سازی خود بین تمام کارهای زندگی ارتباط برقرار می‌شود. این مدت، زمانی است که کودک با " مِن و مِن" حرف می‌زند و نمی‌تواند منظور خود را به طور کامل بفهماند. پیش از اینکه دندان-هایش بیفتند، برای گاز گرفتن خوراکی‌ها آماده می‌شود و این یک دوره‌ی سازا است. هیچگونه توضیحی لازم نیست درباره‌ی علل مهم بودن این دوره داده شود؛ زیرا همه چیز مشخص است، بدون داشتن دندان قطعا کودک نمی‌تواند به صورت کامل و بی نقص سخن بگوید.

واکنش‌هایی که نیاز به استفاده از ماهیچه دارند نیز در این دوره انجام می‌شود. در طی مدت این دوره توانایی انجام واکنش‌ها هنوز به صورت کامل آماده نشده است. این به این علت است که او به تمرین احتیاج داشته و از طرفی نیز کمک و مساعدت دیگران را قبول نمی‌کند. کودک نمی‌تواند به هر چیزی که می‌خواهد دست یابد و در طول این راه باید مراحل دشواری را بگذارند.

آنچه شگفت انگیز است، غریزه‌ای است که کودک را به سمت نیازهای آتی رهبری می‌کند. زمانی که کودک برای انجام کارهایش ثابت قدم می‌شود. تمام تلاش خود را نیز برای تحقق آن به کار خواهد بست.

مطابق با مباحث مذبور کاملا مشخص است که در کودکان یک هدایت درونی وجود دارد که باعث ساخت شخصیت وی و پیشرفت در کارهایش می‌شود.

❖ نحوه‌ی حل اختلاف بین بزرگ‌سالان و کودکان

شرایط روانی بزرگ‌سالان و کودکان کاملا با هم متمایز است؛
کودکان نمی‌توانند درک کاملی نسبت به محیط اطرافشان داشته باشند
و پیشرفت آن‌ها نیز به شدت متاثر از همین کمبود درک و فهم می‌-
باشد.

مشکل حقیقی جامعه زمانی وسعت پیدا می‌کند که کودک به سن
واکنش و فعالیت می‌رسد. در این زمان است که برخوردهای میان
بزرگ‌سالان و کودکان به صورت واقعی شروع می‌شود. کودک تازه به راه
افتاده و تاتی می‌کند و با کمک گرفتن از وسایل محیط روی پاهایش
تکیه کرده و به هر چیزی دست می‌زند. این امر نشان می‌دهد که زمان
آن رسیده که مراقبت بزرگ‌سالان بیشتر شده و نگذارند هر جایی برود
یا به هرچیزی دست بزند. امروزه بزرگ‌سالان اطلاعات بیشتری راجع به
حالت تدافعی کودکان دارند؛ اما به عنوان نقطه‌ی شروع، این بزرگ‌ترها
هستند که در حالت تدافعی به سر می‌برند. آن‌ها از خود در مقابل کسی
که دوستش دارند دفاع کرده وسعی می‌کنند در کارهایشان هیچ خللی
ایجاد نشود، حتی از اینکه کودکان به وسایلشان دست بزنند نیز بیزار
بوده و آن‌ها را دور نگه می‌دارند.

مطابق با آنچه زیگموند فروید گفته است، آن چه "استتار" نامیده
می‌شود حالتی است که برای دفاع از آرامش خود، سکوت را بر هم می‌-

زنند؛ در حالی که این چنین نیست. بزرگ‌سالان تمام اعمال کودکان را نابجا و اشتباه می‌پندارند.

از سویی دیگر، همه فرزندانی داریم که از حق خود دفاع می‌کنند. آن‌ها از فعالیت‌های خویش دفاع می‌کنند. چگونه می‌توان آن‌ها را سرزنش کرد؟ چگونه می‌توان آن‌ها را از انجام فعالیت‌هایی که واجب است، بازداشت؟ هیچ‌وقت! حتی اگر بخواهیم برای انجام ندادن کاری با آن‌ها مبارزه کنیم، آن‌ها کار خود را می‌کنند. بزرگ‌ترها نیز از خود دفاع می‌کنند؛ کودکان نیز همین‌طور هستند. هر دوی آن‌ها حالت تدافعی (مثل در جنگ) دارند. جنگ! برخوردی که همه‌ی روابط آتی اجتماعی را تحت تاثیر قرار داده و نه تنها اساس خانواده بلکه بنیان جامعه را به هم می‌ریزد.

فعالیت‌های کودکان اغلب به وسیله‌ی بزرگ‌ترها مسدود می‌شود. آن‌ها همیشه باید فرمان‌بردار و مطیع باشند. معمولا بزرگ‌ترها برای اینکه جلوی کودکان را بگیرند، خودشان آن‌ها را می‌شویند، موهایشان را شانه می‌زنند، بغلشان می‌کنند و در تخت می‌گذارند. در واقع با آن‌ها به گونه‌ای رفتار می‌کنند که گویی توانایی انجام هیچ کاری را ندارند؛ اما خبر ندارند که با این کارشان آن‌ه را به افرادی یاغی تبدیل می‌کنند که برای اتکا به نفس خود مجبور به نبرد می‌شوند.

ما باید کودکان را درک کنیم. می‌بایست احتیاجات حیاتی آن‌ها را در نظر بگیریم. این ساختار شخصیت آنان است که فردی منحصر بفرد

می‌سازد. حرکاتی نظیر راه رفتن، دویدن و یا بالا و پایین پریدن را به کار می‌گیرد ولی برای قانع کردن او کفایت نمی‌کند. این فعالیت‌ها تمامی انرژی‌های روانی او را به ؛ به وی توانایی می‌دهد تا زین پس مستقلا عمل کرده و کارهایی مثل شستن خود، غذا خوردن و لباس پوشیدن را خودش انجام دهد. درصورتی که فعالیت‌های مذکور به صورت مستقل و بدون کمک دیگران انجام شود، شخصیت منحصر بفرد کودک ساخته می‌شود.

هر زمان که بزرگ‌ترها میان کودک و فعالیت‌هایشان فاصله می‌-اندازند، خللی اساسی در پیشرفت وی ایجاد می‌نمایند. این امر به حدی مبهم است که نیازمند یک مذاکره‌ی طولانی می‌باشد. شایان ذکر است که پیشرفت به واسطه‌ی هر فعالیت فاقد هدف، مسدود می‌گردد.

همه‌ی ما با عدم فرمان‌برداری کودکان به نوعی آشنا هستیم. همان‌که بزرگ‌ترها اجازه نمی‌دهند بچه‌ها هر کاری انجام دهند. کودکان نیز کمک آنان را نمی‌پذیرند. آن‌ها در مقابل شسته شدن مقاومت کرده، در برابر لباس پوشاندن اشک می‌ریزند و یاغی‌گری می‌کنند. همه‌ی این واکنش‌ها در نظر بزرگ‌ترها بدون توجیه و گونه‌ای از شرارت و نافرمانی تلقی می‌شود. بزرگ‌سالان نمی‌توانند درک کنند که چرا کودکان کمک آنان را پس می‌زنند؛ در حالی که واقعا به آن نیاز دارند. اغلب، بزرگ‌ترها در پاسخ به چنین حسی می‌گویند که کودک شرور است و به زور به او کمک می‌کنند. تحت چنین شرایطی، کودک همه‌ی سعی خود را به کار

می‌گیرد تا مقاومت کرده و حتی در بین راه از روش‌های غیر معمولی نیز بهره می‌گیرد. اگر کودکان کار خطایی انجام دهند آن‌ها را جریمه کرده و توقع داریم این‌گونه متوجه اشتباه خویش شوند. در زد و خوردی که میان بزرگ‌سالان و کودکان وجود دارد، چه کسی پیروز خواهد شد؟ تنها مشکلی که در این میان وجود دارد عدم درک نیازهای دوران طفولیت از جانب بزرگترها ست. مساله‌ی واقعی همین است.

اگر کودک را کمی آزادتر بگذاریم، قطعا آرام شده و فرمان‌بردار می‌شود. لب کلام این است که ارتباطات میان بزرگ‌سالان و کودکان باید به گونه‌ای باشد که بچه‌ها اجازه‌ی انجام کارهایشان به صورت مستقل را داشته باشند. نحوه‌ی سخن گفتن با کودکان نیز خیلی زیاد بر فرمان‌برداری و اطاعت آن‌ها تاثیر گذار است. کودکان به کمک ما برای انجام کارهایشان احتیاج ندارند. آن‌ها نیاز دارند تا در حد توانشان مجوز مدیریت فعالیت‌های خود را داشته باشند.

این چیزی است که آن‌ها نیاز دارند، نه بیشتر ...

فرض کنید که کودک اجازه نمی‌دهد که موهایش شانه شود، آن وقت مادرش باید چه‌کار کند؟ پاسخ این است که دو راه وجود دارد: او ابتدا شانه را به دست خود کودک داده و اجازه می‌دهد تا وی آن را تجربه کند. دوم باید شانه را به آرامی روی موهای کودک بکشد. اگر بخواهد به کودک غذا بدهد، بهتر است قاشق کوچکی به دست خود او داده و اجازه دهد که خودش این کار را یاد بگیرد. وقتی کودک بتواند

مستقلا و از روی غریزه این کار را تجربه کند، احساس رضایت فوق-
العاده‌ای را تجربه خواهد کرد. سختی و دشواری فقط تا آن زمانی است
که احتیاجات واقعی کودک هنوز درک نشده و اهداف او مشخص نشده
است. ساخت شخصیت درونی کودک نمود خارجی نیز پیدا می‌کند.
او به فعالیت‌های بخصوصی برای رشد واقعی خود احتیاج دارد.
زمانی که کودک می‌خواهد لباس خود را به تنهایی بپوشد، به این علت
است که نسبت به لباس پوشیدن علاقه دارد. وقتی که دندان‌هایش
کاملا در می‌آید، یاد می‌گیرد که دیگر قادر است هر نوع غذایی را بخورد
و بجود.

دوران فعالیت سازا اساسا برای پیشرفت و رشد شخصیتی کودک
ضروری و واجب است.

زمانی که احتیاجات او نهایتا به رضایت تبدیل شود، کم کم مطیع
شده و دست از یاغی‌گری بر می‌دارد. تحت چنین شرایطی است که
اجازه می‌دهد تا بزرگ‌ترها برای انجام بعضی از کارها به او کمک کنند.
در نهایت به عنوان خلاصه‌ای از مباحث پیشین تنها یک جمله
می‌گویم:

به من کمک کنید تا من نیز به خود کمک کنم.
کمکی که درخواست نشده باشد، یاری، نیست بلکه مانع
رشد می‌شود.

❖ کتاب‌های دیگر مونتسوری (کشف کودک)

در این کتاب، اصول اساسی در مراجع علمی، کاربردهای روش مونتسوری در دوره‌ی سلامتی و هوشیاری شرح داده شده است. این نسخه به طور کامل ویرایش شده و بخشی از آن به رفاه کودکان اختصاص داده شده است. اخیرا پیشرفت‌های بسیاری در زمینه‌ی تحقیقاتی صورت گرفته شده و کل مطالب آن به روز شده است.

آموزش و پرورش برای دنیای جدید

این کتاب در ۸۹ صفحه و به منظور کمک به معلمان در خانواده-های دارای کودک زیر ۶ سال تهیه و عرضه شده است. در این کتاب، نظریات مونتسوری از نظر فاکتورهای روانی، بیولوژیکی و دیگر نکات علمی و متناسب با درک پیشرفت در رشد کودکان مورد بحث و بررسی قرار گرفته است.

آموزش پتانسیل انسانی

این کتاب ۱۲۴ صفحه دارد و مباحث عنوان شده در کتاب" آموزش و پرورش برای دنیای جدید" را در حالت پیشرفته‌تر و متناسب با احتیاجات کودکان بعد از شش سال به چالش کشیده است.

راز دوران کودکی

در این کتاب جذاب و شگفت‌انگیز دکتر مونتسوری چگونگی درک و احترام به ساختار فردی کودکان را مطابق با قواعد رشد عنوان کرده است. به این وسیله، ما می‌توانیم از عقاید فردی و آسودگی کودک دفاع کرده و از پیشرفت پیچیدگی ها جلوگیری کنیم.

ذهن جاذب

در این کتاب، تشریحی از توان منحصر به فرد ذهنی کودکان درج شده که در طی مدت چند سال کل خصوصیات شخصیت بشری را در معرض بحث و بررسی قرار داده است. دکتر مونتسوری مسئولیت بزرگ-سالان را در قبال ساخت شخصیت بشر توضیح می‌دهد." آموزش و پرورش کودک را از زمان تولد او آغاز شود". در این مجموعه، تضاد میان توان سازنده و شکوه بزرگ‌ترین لحظات زندگی به نقد و بررسی گذاشته شده است.

آنچه باید در مورد کودکان خود بدانید

به روشی ساده‌تر و با استفاده از کلمات واضح‌تری، دکتر مونتسوری آنچه را بر ذات، طبیعت، رشد و پیشرفت کودک تاثیر گذار می‌باشد به چالش کشیده است. در این کتاب، نویسنده مثال های

متفاوتی راجع به پیشرفت شخصیتی شادتر و زندگی بهتر عنوان کرده است.

روش پیشرفته‌ی مونتستوری

"فعالیت خودکار در آموزش و پرورش" و "روش پیشرفته‌ی مونتسوری" از جمله کتاب‌هایی است که باید به صورت پی در پی مطالعه شود. تجزیه و تحلیل الگوهای محیطی در سنین بالا و رشد بشر در این کتاب از نقطه نظرهای مختلفی مورد بحث و بررسی قرار گرفته شده است.

ساخت بشر

رشد سریع کودک در پنج سال اول زندگیش یک معجزه‌ی خلقت است که عموما به عنوان فرایند کاملی از تکامل در نظر گرفته می‌شود. در این کتاب، دکتر ماریا مونتسوری درکی از رشد کودک را در تمامی مراحل به همراه آموزش وی جهت ساخت مبنایی محکم برای جامعه تشریح کرده است. هم‌چنین مشکلی که سالیان سال است پرورش کودکان را تحت الشعاع خویش قرار داده نیز در این مجموعه به نقد و بررسی کشیده شده است.

www.ingramcontent.com/pod-product-compliance
Lightning Source LLC
LaVergne TN
LVHW051708080426
835511LV00017B/2798